아버지가 미안하다
아들아 너는 아느냐

김수현
특집극 3

아버지가 미안하다
아들아 너는 아느냐

김수현 극본

다차원북스

대사 문장에는 맞춤법과 띄어쓰기 원칙을 적용하지 않았습니다.

1) 대사 중에서 띄어쓰기와 맞춤법을 적용하지 않은 경우는 김수현 작가의
   고유 문투나 호흡 등을 살리기 위해 원문 그대로 표기하였음을 밝힙니다.

2) 마침표(.)를 넣지 않은 문장의 경우 마침표의 유무에 따라 호흡과 말투,
   대사와 대사의 연결, 뉘앙스에서 차이가 있음을 지시하는 것으로 원본 그
   대로 실었습니다.

작품에 쓰인 주요 기호는 다음과 같습니다.

S# 씬넘버
S# : S = Scene의 약자.
= Number를 의미하는 기호.

E Effect의 약자
효과음, 내레이션, 마음속으로 하는 대사, 인물이 화면에 나오지 않고 화면 밖에서
들려오는 대사 등을 나타낼 때 두루 쓰임.

F Filter의 약자
전화 목소리, 터널 안의 울리는 소리 등 목소리에 특별한 효과음을 입힐 필요가 있
을 때.

F.O Fade out의 약자
화면이 어두워져 완전히 꺼지는 상태. 장면의 전환 또는 시간을 건너뛸 때 주로 쓰임.

/ ① 대사 속의 /
말투, 억양을 바꿀 때, 텀(term) 또는 호흡을 지시할 때 쓰임.
② 지문 속의 /
연출할 화면을 나열하거나 순서대로 지시하는 부호.

@ 행동을 지시하는 지문
설정, 행동, 환경, 동선 등을 지시하는 부호.
원문의 @ 표시를 이 책에서는 별색으로 표기해서 구분함.

O.L Overlap의 약자
'겹치다, 포개다'라는 뜻으로 한 장면과 또 다른 장면, 앞 대사와 다음 인물의 대사
가 겹쳐지도록 연출해야 할 때.

Insert 인서트
일련의 화면이나 화면에 글자나 필름을 삽입하는 것을 뜻함.

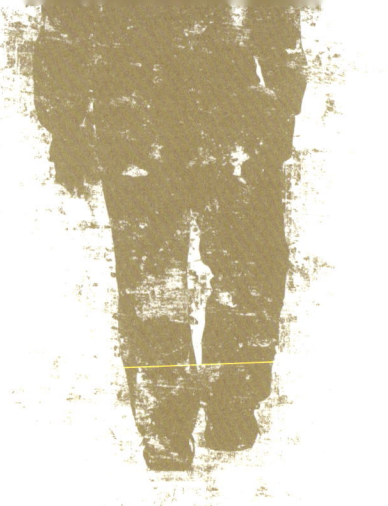

{ CONTENTS }

아버지가 미안하다

TV조선 설날특집 3부작

2012년 1월 23일 TV조선 방영(권혁찬 연출)

환경미화원으로 정년퇴직한 뒤 퀵서비스 배달원으로 일하고 있는 아버지.
중국집 배달 소년에서부터 공사판 잡부, 벽돌공, 미장공 등등의 직업을 거치면서도
60대 초반까지 남에게 신세지지 않고 소박하고 꿋꿋하게 살아왔다.
자녀들도 나름대로 잘 성장했지만, 이기적인 아들딸과 어딘지 모르게 어긋나기만 하는
우리 시대 슬픈 아버지의 모습…. 왜 아버지는 미안한가?

출연 : 김영철, 양희경, 이민우, 박시은, 신은정, 윤다훈, 정준, 이영은, 허영란 외

{ 등장인물 }

용만   62세. 아버지

순주   59세. 엄마

동식   39세. 큰아들

혜리   37세. 큰며느리

희숙   37세. 미모의 큰딸

영훈   40세. 큰사위. 갈비집 아들

동수   35세. 작은아들. 노래방 월급 실장

경애   32세. 작은며느리

희경   28세. 막내딸. 광고회사 카피라이터

한일   32세. 희경의 남자 친구

제1부

S# 1 강남대로 신호등에 멈춰선 차량이 꽉 찬 세밑 거리 풍경

용만   (퀵서비스 오토바이 타고. 두꺼운 장갑에 다운점퍼, 헬멧, 목도리 / 차량들에 끼어 신호 바뀌기를 기다리고 있는)

신호가 풀리고 움직이는 차 사이에서 출발하는 용만.

S# 2 이태원 어느 카페 안

희경   …… (빈 커피잔 놓고 탁자 내려다보며) …… (앉아 있는) ……

종업원   (지나가다 보고) 리필해드릴까요?

희경   ?? 네… (조금 웃으며)

종업   (커피 쪽으로 가고)

희경   (좀 전 상태로) ……

        커피 리필되고.

희경   (천천히 마시고 있는)

        비워져 있는 찻잔 /

희경   (탁자 내려다보며) …

종업원 리필…

희경   ?? 아 아니에요. (소지품 챙겨 일어서 나가려다 보면)

한일   (말끔한 차림 / **제철 광고부 / 무난한 용모. 다가오는 중)

희경   (서서 보며) …

한일   모델 오디션이 좀 걸려서… (웃음기 없이 / 뭔가 어정쩡한) …

희경   (그냥 보며 / 선 채) …

한일   앉어… 앉어요.

희경   … (시선 피하며 앉는다) … (소지품 무릎에) …

한일   (앉으며 잠간 흘낏 보고 종업원 쪽으로 손 들어 보이고)

종업   (와서 서면) …

한일   어어… 저기 당근주스.

종업   … (목례. 아웃되고)

한일   … (희경 보는) …

희경   (시선 탁자에) …

한일   (시선 돌려 괜히 실내 둘러보듯 하며 넥타이 좀 느슨하게 만드는)

희경   … (보는) ……

한일	(잠깐 보려다 눈 마주치자 얼른 시선 내리면서) ……
희경	(가만히 보며) ……
한일	… (그대로) …
희경	…… (보며)
한일	… (그대로)
희경	(자기가 마시던 물컵 집어들며) 알고 있어요.
한일	(보는) …
희경	나흘… 연락 끊겼었으니까… 어떤 의민지 알아요.
한일	왜… 왜 진작에 얘기 안했어요.
희경	… (보며)
한일	시청공무원 정년퇴직하고 그건… 달라요…
희경	… (마시고 내리는)
한일	우리도 크게 내세울 거 없지만… 그래도……
희경	… (보며)
한일	처음부터 솔직했어야 하는 문제를 거짓말했던 거… 이해하기
	힘들어요.
희경	…… (보며)
한일	생각했는데… (시선내리고)
희경	알았어요.
한일	당황스러웠어요…
희경	…… (보며)
한일	배신당한 거 같은 느낌이기도 하고

희경   (O.L) 먼저… 일어나도 되죠…

한일   … (보는)

희경   (일어나 계산대로)

한일   (일어나 보는)

희경   (카드 계산하는) …

한일   (보는)

S# 3 카페에서 나와 걷기 시작하는

희경   (입 꾹 다물고 / 빠른 걸음으로 땅바닥 보며) ……

S# 4 건널목

희경   (사람들 사이에서 신호 기다리며) ……

S# 5 청와대 뒷길에서 세검정 넘어오는 도로를 제법 달리는 용
    만의 퀵서비스

    설 전날 오후 두세 시쯤. 흐린 날씨의 회색빛 거리. 도로에 가
    득 찬 차량들.

S# 6 버스 안

희경   (고개 창으로 돌리고 무표정한 얼굴) ……

S# 7 평창동 쌍다리 절 건물 앞에 오토바이 세워놓고 통화중

용만   예, 절이 왼쪽예요… 예… 예… 오른쪽으로 개인주택… 다섯
번째… 예… 예 주소 있어요. 예 예 다 왔어요. 감사합니다. (끊
고 부릉부릉 출발하는)

S# 8 어느 주택 대문 앞에 멎는 오토바이

큰 개가 컹컹 짖는 소리 들리고…

용만   (주머니 메모 꺼내 대문의 주소 확인하며 벨 누르고) …… (오
토바이 갈비상자 풀어 들고 다시 대문 앞으로)

철컥 문이 열리고 용만 대문 안으로 조심스레 들어서면서 개가
어디 있나 살피는 / 묶어서 펄펄 뛰며 짖는 커다란 개 보고.

용만   (웃으며) 나쁜 사람 아냐 나쁜 사람 아냐.

S# 9 평창동 다른 길을 달리는 용만

주택이 좀 뜸한 길을 지나 다시 주택 시작되는 쪽으로 오다가.

용만   (멈추고 보는) …

마침 어느 집 대문을 나서고 있는 아내 순주… 핸드백이라기에
는 큰 가방 들고.

순주   (대문 나와 대문으로 돌아서 문 조심스럽게 닫느라 남편 미처
못 보고 / 대문 닫고 돌아서 길로 나서다 보고 잠깐 멈추고) 이
동네 왔어요?

용만   늦었네.

순주   꼭 이런 날 가욋일 생겨… 뒤꼍 낙엽… 며칠 전에 치웠는데 산
      동네라 치워도 치운 티도 안 나…

용만   차 시간 맞춰 나온 거야?

순주   그러엄. 춰 죽겠는데 (하는데 저만큼에서 순환버스 나타나는)
      오네…

용만   (버스 쪽 보며) …

순주   (버스 서면서 길 건너 버스 쪽으로) 일찍 끝내고 들어와요.

용만   어엉…

      순주 버스로 사라지고 버스 출발하고.

용만   (부르르릉) … (오토바이 꽁무니) ……

S# 10 이동 중 / 순환버스 안

순주   (잠깐 있다가 문득 전화 꺼내서 거는) …

      전원이 꺼져 있다는 메시지.

순주   (전화 끄며) 왜 또 꺼놨어어어 (중얼거리는) … (끊는)

S# 11 서민아파트 단지 전경

      전화벨 / 임재범 노래 너를 위해 / 거친 생각과 불안한 눈빛과
      …

S# 12 아파트 안

      그걸 지켜보는 너어… 그건 아마도 전쟁 같은 사랑 (에서)

경애	(시장 본 것 꺼내다 전화 받는 / 보고) 네 어머니… 네. 지금 막
	요… 네… 아가씨 없는데요? 잠깐 나갔다 온다구 / … 네… 네
	알았어요. 네… 네에… (끊고 쿠커에서 끓는 주전자 물 준비해
	두었던 커피믹스에 부으면서) 떡 썰어노라구… 팔목 아프시대
	…
동수	파스만 갖고 안 된다니까…
경애	나물 다듬어.
동수	응.
경애	…… (두 컵 물 붓고 우선 하나 저어서 남편 앞으로) …
동수	(집어 후후 불며 마시고 아내 보며) 이거 완전 중독이야. 왜 이
	렇게 맛있냐.
경애	(제 컵 저으며) 정말… 할 거야?
동수	?? 뭘…
경애	(힐끗 옆눈으로)
동수	할 거야.
경애	(뿌우 보는) …
동수	아예 미련 싹 잘라버리구 편하게 살자구.
경애	너무 실망하실 텐데…
동수	…
경애	명절에… 새해 시작에…
동수	새해 시작된 게 언젠데…… (마시는)
경애	어머니 기제사 생일 / 다 음력으로 하시는데 뭐…

동수   그래, 엄마한테는 섣달그믐 마지막 날이니까 됐어. 그렇게 계
               산하면 돼. (그냥 마시는)

경애   (커피 컵 들며) 좀 있다가… 대보름 지나고 말씀드리지… (안
               보는 채)

동수   알아서 해. 당신은 그냥 입 다물고 가만있으면 돼… (마시는)

경애   (남편 보며) …

동수   매 맞아 치우고 말자구…

경애   … (좀 뿌우)

동수   나물.

경애   응… (나물 보따리 드는)

S# 13 서울 거리

      거리를 달리고 있는 용만의 오토바이.

S# 14 서울로 오는 영동고속도로 마지막 휴게소 / 오후 네다섯 시

동식   (매점에서 커피 사 갖고 나오는 중)

S# 15 주차장에 세워져 있는 차

동식   (자동차 뒷좌석 옆으로)

혜리   (유리창 열고 컵 한 개 받아 들이고)

동식   (돌아서 뒷자리로)

S# 16 차 안

동식 (차에 올라 홀더에 컵 끼우고 벨트 빼 채우면서) 금방 어두워
지겠네.

혜리 (컵 홀더에 제 커피 꽂으며) ……

동식 최소 한 시간 반이야. 막히면 두 시간 반도 좋구. 지금 흐름 같
아선 괜찮을 거 같은데…

혜리 오늘 안으로만 들어감 되잖아.

동식 (커피 홀더에서 빼내다 흘낏 잠깐 보고 앞으로 / 한 모금 마시
고) 그런 식으로 말하지 말라니까…

혜리 아들이 하나뿐인 것도 아니고.

동식 대한민국 장남이야…

혜리 즐거운 일 아니니까.

동식 그렇다구 그렇게 표내야 해?

혜리 내가 언제. 내내 잤는데… 고단해 죽겠어. 애들한테 시달리는
게 쉬운 일야?

동식 (그냥 마시는) …

혜리 명절 같은 거 진짜 싹 다 없어졌으면 좋겠어.

동식 (홀더에 컵 꽂으며) …

혜리 적응 안 돼 정말.

동식 (출발하며) 고아 아니라 미안해.

혜리 (돌아보는) …

혜리 … (보다가) 삐지지 마… 불편하니까 그렇지… 이해 못해줘?

동식	이 아저씨는 뭐 하는 거야…
혜리	십 초만 참지…
동식	(보면)
기사	(서두르는 걸음으로 와서 운전대에 오르는) 죄송합니다.
동식	가시죠…
기사	예.

S# 17 휴게소를 빠져나가는 동식의 차

S# 18 고급 주택가(어두워진)

    (F) 전화 신호 가는 소리.

용만	(오토바이 세워놓고 / 선물상자 / 전화 중) …… (한참 기다리다가)
여자	(F) 여보세요.
용만	(반가워서) 아 예 사모님, 저 퀵서비스 / 지금 댁 앞에 와 있는데요 댁에 아무도 안 계신가요? 벨을 아무리 눌러도(몸에 밴 낮춤)
여자	(F) (O.L) 여섯 시까지 온다 그러지 않았어요?
용만	예 죄송합니다. 길이 막혀서
여자	(F) (O.L) 그건 그쪽 사정이구 약속을 했으면 지켜줘야지 지금 오면 어떡해요.
용만	예, 예…

여자	(F) 뭐예요?
용만	예?
여자	(F) 배달 물건이 뭐냐구요.
용만	예 갈비 같은데요.
여자	(F) 아저씨 갖고 가 먹어요.
용만	(F) 예?
여자	(F) 그거 받자구 차 돌려 들어갈 수 없으니까 아저씨 갖고 가 먹으라구요.
용만	아, 저 그럴 수는 없는데요 사모님… 그럼 제가 (하는데 전화 끊어지고) … (전화 거치대에 꽂아놓고 매달린 주머니에서 둘둘 말린 줄뭉치 꺼내 상자에 묶기 시작한다. 입에서 김 푹푹 나오고 손은 곱고) … (시간 약간 경과)

S# 19 갈비상자 먼저 대문 너머로 넘기고 줄로 대문 안에 집어넣고 있는 용만

S# 20 어느 모텔 입구

자동차 전면 유리 통해서.

팔 끼고 희희덕대며 나오는 영훈과 여자의 모습.

S# 21 차 안

희숙	(헤드라이트 켜고 움직이기 시작)

주차장으로 오던 두 사람.

여자 뭐야아아 (눈가리며)

영훈 무식하기는 / (욕하려 자동차로 가는데)

희숙 (차 움직여 남편 앞에 스톱)

영훈 ?? (뒷걸음치며) 이게 미쳤나아 (하다가) ??

희숙 (운전대에서 내리는)

영훈 ???

희숙 …… (남편에게 시선 / 분노 같은 것은 없고 한심스런)

영훈 ??? (크게 당황한 건 아니지만 어쨌든 / 옆으로 붙는 여자를 밀어내며) 어 아… 가… 가가. 가라구.

여자 (빠지면서) 전화해요…

영훈 가라구우우…

희숙 (그냥 보고 있고) …

영훈 (여자 어느 정도 거리 벌리는 것 보고 아내에게) 어어이 시이이

희숙 (그냥 보며) …

영훈 어머니한테 얼마나 터질려구 이 시간에 여기 있으면 어떡해. 차례 안 지내?

희숙 … (그냥 보며)

영훈 이혼을 해주든지 날 포기하든지 둘 중에 하나 골라잡으라니까 귓구멍이 맥혔냐?

희숙 …… (보며)

영훈 어어엉?!!!

희숙	해주께…
영훈	???
희숙	해주께.
영훈	??? (믿기지 않는)

S# 22 근처 카페

들어오는 두 사람. 빈자리에 거의 동시에 앉으면서.

영훈	뭐 로또 당첨됐어? … 남자 생겼나? 책임져준대?
희숙	(다가온 종업원 올려다보며) 얼음냉수랑… 커피 주세요.
종업	예. (영훈 보면)
영훈	쌍화차.
종업	예. (아웃)
영훈	웬일야 엉?
희숙	(O.L) 오억만 내…
영훈	(타이 만지다가) ???? … 무슨 풀 뜯어먹는 소리야.
희숙	… (보며)
영훈	아주… 개념이 없군. 그게 동네 개 이름이야?
희숙	… (보며)
영훈	도대체 그게 어떻게 나온 / 무슨 계산이야…
희숙	(O.L) 십오 년 인건비.
영훈	???
희숙	신혼여행에서 돌아와 바로 어제까지… 죽자고 일했어…

영훈　너 혼자 했냐?

희숙　당신은 가게 두 시간도 안 붙어 있었어.

영훈　남편 사업장에서 인건비 받구 일해?

희숙　… (보며)

영훈　그동안 먹고 입고 쓴 건 뭐야.

희숙　…… (보며)

영훈　찢어지게 없는 집구석에서 데려다 호강시켜줬더니 허 참 어이
　　　가 없어…

희숙　(보며) ……

영훈　(주변 한 번 둘러보고 소리 낮춰 달래는) 엄마 모르게 옷 사줘
　　　빽 사줘 구두 사줘 용돈 줘. 그동안 너 빼돌린 것도 수억이잖아
　　　…

희숙　(이 악물고 쏘아보는)

영훈　오억이 무슨. 헛참… 잠꼬대하네.

희숙　(O.L) 승우 교육비 생활비는 별도야.

영훈　???

희숙　합의 안 하면 소송할 거야…

영훈　??? … (주변 한 번 더 돌아보고) 소송 / … 소소옹? 하아 이혼
　　　안 해준대서 이러구 있는데 거꾸로 무슨 소송. 너 말 되는 소리
　　　냐?

희숙　… (보며)

영훈　야 그리구 뭐 승우? 우리 엄마가 너한테 승우 넘겨줄 거 같아?

될 법한 소릴 해.

희숙　(O.L) 변호사도 내가 유리하대.

영훈　…… (보다가) 니 사전에 이혼은 없다면서 / … 그냥 한번 해
보는 거야? … 엉?

희숙　… (보며)

S# 23 운전 중인 희숙

희숙　(입 꾸욱 다물고) ……

S# 24 용만 아파트 주차장 / 밤

용만　(오토바이 몰고 들어와 자기 주차 자리에 세우고 쇠사슬 도난
방지 열쇠 몇 개나 채우는)

S# 25 아파트 거실

희경·동수 (밥상 차리는 중 / 동수가 날라온 쟁반에서 희경이 차리는)

동수　쓸 만한 카피 안 나와 돌기 직전이라면서.

희경　?? (잠깐 보고 가만 두고)

동수　장마다 꼴뚜기 나냐? 그냥 대박 하나 나올려 그런가부다 염병
할 그러구 편하게 지내. 꼭 사표 압력 받는 거처럼 그러지 말구
…

희경　내가 뭐.

동수　아 신경쓰여어어.

희경   괜히 그래 왜.

동수   한집에서 아침저녁 얼굴 보는데 어떻게 신경이 안 쓰이냐.

희경   그냥 좀 디프레스돼서 그래요. 모르는 척 해줘. 그러다 말겠지. (빈 쟁반 / 주방으로)

순주   (며느리가 썰어놓은 떡 건드리면서 꿍얼거리는) 떡 써는 솜씨는 암튼… 발전이 없어. (손목에 파스 감겨 있는)

경애   (고기 살전 양념해 주무르며 / 양이 많으면 안 되고 대접 칠 부쯤 분량) 열심히 썰었는데…

동수   한말씀 듣는다구 디이게 신경 쓰던데 그랬어도 불합격이에요?

순주   (떡 비닐봉지 아구리 묶으며) 머슴 떡국떡 만들어놓느라 애썼다.

경애   … (입 잠깐 나오고)

순주   (숫자대로 챙겨놓은 물컵에 물 채우고 있는 딸 돌아보며) 너 회사…

희경   (미처 못 느끼고)

경애   아가씨… (엄마 뭐라시잖아요)

희경   ??

경애   어머니 뭐라시잖아요.

희경   ?? (엄마 돌아보는) …

순주   아니이… 회사가 머 불편한 거 아닌가 그래서.

희경   엄마 나 신경질 날라 그래.

순주   그래 알았어… 그럼 됐어… (떡봉지 세 개 들고 냉장고로 / 두 개는 냉동실, 하나는 냉장실로)

희경	엄마는 그냥 제일 중요한 게 회사 / 돈이야 돈.
동수	(방석 / 숫자대로 먼지 안 나게 돌려놓는 중) 돈 중요하지이이… (팔 걷으며) 우리가 아프리카 밀림 원숭이두 아니구 아마존강 악어도 아니고 돈으로 먹이 바꿔 먹어야는 인간인데 돈보다 더 중요한 게 어딨냐. 이름 있는 회사쯤 다닌다구 고상한 척 하지 마라. 바닥 인생 오장 뒤틀린다.
희경	비약하는 데는 암튼… (중얼거리는)
동수	하하 그래서 내 이름이 최비약 아니냐.

현관 다이얼 버튼 찍는 소리.

| 동수 | ?? 아버지세요? |
| 용만 | (E) 어어 그래애… |

용만 들어오고 동수 현관으로 / 동시에 며느리도 주방에서 좀 나오고.

동수	(헬멧 / 장갑 받아 신발장 위에 놓으며) 추우셨죠…
용만	(응) 괜찮았어.
순주	빨리 씻어요 밥 먹게…
용만	알았어.

S# 26 거실 / 시간 경과

식사 중 가족 / 용만 부부 / 동수 부부 / 희경 / 한동안 먹기만 하다가…

| 용만 | 큰애들은. |

순주	(쭈그리고 앉아 딸 보며) 오구 있겠지.
동수	형수님 이번엔 미국 갈 핑계 뭐 없나?
경애	사둔어른들 들어와 계신데 뭘… 안 들어오셨어두 그렇지. 추석에 다녀왔는데 금방 또 어떻게에.
순주	애들 스키 태우러 몽땅 용평 가 있대… 그 집은 신정 세니까.
동수	그렇게 살아야 사는 거처럼 산달 수 있죠 흥… (아무도 반응 없고)
용만	(고등어구이 접시 집어 희경 앞으로)
희경	??
용만	고기 먹어. 먹구 기운 내…
희경	(그냥 조금 웃는 듯) …
동수	살짝 우울증이래요. 신경 쓰지 마세요…
용만	(그러니까) 먹고 기운 차리라구…
경애	후후 아버님은 고등어가 무슨 / 기운 날려면 고길 먹어야죠.
용만	(아내에게) 고기 좀 해줘어.
순주	고기 못 먹어 기운 없어?
희경	(약간 성가셔) 신경 꺼줘요 제발.
동수	신경 쓰게 하지를 마. 며칠째야… 사흘이에요 나흘이에요? (엄마에게)
순주	아이구 몰라 내버려둬… 생각 없는 거.
희경	?? (엄마 보는)
순주	나이가 몇인데 뿌우우우 / 식구 다 지 눈치 보게 만들어.

희경	(좀 짜증) 아 그냥 기분이 나쁘다니까아.
순주	이유가 있을 거 아냐.
희경	미치겠어 진짜. 그냥 우울해… 엄마두 한 번씩 이유 없이 심란하고 우울하다면서 짜증 부리잖어.
순주	그건 그냥 덮는 소리지 이유가 없긴 왜 없어.
희경	나두야. 그러니까 덮자구요…
순주	이유가 있구먼 그러니까
용만	(O.L) 싫다는데 놔둬 그만해.

잠시 사이 두었다가.

순주	다퉜지.
희경	아니라니까 엄마아안. (다분히 신경질)
동수	야아 /
경애	여보
동수	어디다 성질을 피워어!! (버럭)
용만	밥상 놓구 복 날아가게 쯧… 왜 소린 질러.
동수	싹수없이…
희경	(수저 놓고 물 마시는)
동수	마저 먹어.
희경	… (그냥 일어나 제 방으로)
동수	저 기집애가…
경애	아으 여보 왜 그래애애…
동수	아 나 인간 싸가지 없는 거 못 봐 야아!!

희경	(그냥 들어가버리고)
동수	저거 저거 저게 (불끈 일어나려)
순주	(O.L) 놔둬어.
동수	(O.L) 엄마
순주	(O.L) 시끄러 골 흔들려. 밥 먹자 응?
동수	(그만두고 수저 들며) 막내라고 너무 오냐오냐해서 말이에요
용만	(O.L) 애 승늉 좀 더 다우… (물컵 아닌 / 따로 더운 물 대접이었다)
경애	네에에… (일어나는)
동수	(슬그머니 그만두고)

S# 27 희경의 방

희경	(선 채 휴지 팍팍팍 뽑아 눈물 닦으면서) ……

S# 28 거실과 주방 / 시간 경과

순주와 경애 동그랑땡 만들어 쟁반에… 거실 탁자에서.

동수	(주방에서 주전자 물 녹차 잔에 부어 들고 거실로 나오며) 아버지!!
용만	(E) 그래 나가아…
동수	(탁자에 컵 들어 내놓는) …
용만	(가내복으로 갈아입고 나와 앉는) … (티백 집는)
동수	더 둬야 해요…

용만	(도로 담그며 아내에게) 늦는댔어?
순주	서울서두 환할 때 온 적 없는 애들이 강원도서 온다는데 뭐…
용만	힘들면 이번에는 건너뛰라 그러지. 사둔 양반들도 오셨구.
순주	(힐끗 보고)
용만	전화 내가 받았으면 그랬을 텐데
순주	(O.L) 애들 버릇은 당신이 다 망쳐놔. (약간 구박)
용만	(그냥 피식 웃고)
동수	추석에두 미국 가 빠지구 그달 제사 두 번 다 빠졌는데 아버진.
용만	눈길에 운전 위험하니까…
순주	눈 온 지 하안참 됐어. 눈 없어.
용만	스키장 그쪽은 여기 날씨하구 달러. 눈 많이 오는 데야.
순주	(O.L) 추석 전 미국 간다 잠깐 들르고 지금까지 한 번 얼굴 봤어… 그런 며느리가 어딨어… 손주놈들 길에서 스쳐두 모르게 생겼다구.
동수	전 형 얼굴도 가물가물이에요. (티백 건지며)
용만	(티백 건지며) 북 치구 장단 넣지 마… 가만있어.
동수	(피식 웃으며) 그런데 어떡해요. 엄마… 형 대신 나래두 얼굴 안 잊어버리는 손주손녀 보게 해드려야 하는데…
경애	?? (정말 하려나 보네)
순주	애 스트레스 받게 쯧… 생길 때 되면 생기겠지. (동그랑땡 만들다 잠깐 흘기는)
경애	(순주 보고)

동수	예, 그런데 사실은 엄마 아버지한테 솔직하게 털어놓을 얘기가 있어요.
순주	??
용만	??
동수	(바닥 보며) 즈이한테서… 손주 생기는 거 더 이상 기다리지 마세요…
순주	??
용만	??
순주	그게 무슨 소리래?
동수	(엄마 보며) 실망하실까봐 거짓말했었어요…
순주	?? (고개 경애에게 / 니가 문제 있어?)
경애	… (고개 푹 꺾고)
동수	아니, 엄마 그 사람 아니라 제가 문제예요…
순주	?? (아들에게 고개)
용남	??
동수	뭐냐, 저기 그게요 (뒷머리 좀 만지며) 나한테 애기씨가 없대요.
순주	…… (뻐엉)
동수	거죽만 멀쩡하고 속이 비었대요.
순주	(O.L) 얘가 무슨 / (거실로 내달으며) 애애애애기씨가 왜 없어. 너 군대 / 소소속초서 애 만들어…
동수	(놀라서) ??? 엄마.
순주	(아차 / 경애 보면)

경애	?? (순주 보는)
순주	… (경애 잠시 보다가 그대로 수습하려는) 그 의사 돌팔이야.
동수	돌팔이 아니에요.
순주	돌팔이야. 그럴 리가 없어.
동수	나름 유명한 비뇨기과란 말이에요. 손님이 얼마나 많은데요 바글바글이에요 엄마.
순주	… (입 꾹 다물고 아들 보는) …
동수	…… (엄마 보다가) 그래서 우리요 아이 포기하고 살기로 했어요. 포기할 수밖에 없죠 뭐 내막이 그런데…
순주	그걸 믿으라구?
동수	아 사실이 그런데 믿어야지 그럼 어떡해요.
순주	(풀썩 앉으며) 너 확실한 전과가 있는 놈 아냐.
동수	아니 저 엄마
순주	(O.L) 아 그래 내가 장항아리 깨… (경애 돌아보며) 얘 전석 군에 있을 때 거기 다방 마담 애 들어서게 해서 내가 가 해결 했었다.
경애	… (보며)
순주	(E) (띵한 용만 위에) 늬 아버지두 모르는 일야.
동수	아으 참 엄마 그 얘길 하면 어떡해요. (낭패 / 좀 화내며)
순주	말이 되는 소릴 해야지. 있던 애기씨가 어디루 갔단 거야.
동수	죽어버렸대요. 그런 경우도 있대요… 제가 그런 경우라구요.
순주	돌팔이라니까. 검사 다시 받잔 말야.

동수	어으 시이. 그렇다면 그런 줄 아세요. 이 얘기 하기가 얼마나 힘들었는데 엄만 / 판정난 지 벌써 한참 됐어요. 혹시나 박씨나 병원 여러 군데 다녔어요. 다 똑같아요. 우리도 지쳐서요 그래서 그만 포기하고 사실대로 털어놓는 거란 말이에요.
순주	(O.L) 나는 못 믿어.
동수	믿으세요.
순주	못 믿어. (고집스럽게)
용만	(아내 보며) 믿어…
순주	못 믿어.
용만	(E) (아내 위에) 병원에서 그랬다면
용만	믿어야지 못 믿으면 어째.
순주	딴 병원 한 번 더 가본단 말예요 내말은.
용만	즈들이 여러 병원 다 다녀봤다는데
순주	(O.L) 종합병원 갈 거예요. 제일 잘 본다는 대학병원.
경애	(O.L) 그만두세요 어머니. (고개 푹 꺾고)
순주	??
용만	(경애 보는)
경애	동수씨는 이상 없어요. 저 때문이에요.
동수	왜 당신 때문이야.
경애	내가 안 되니까아…
동수	둘 다 이상 없는데 무슨 까닭인지 안 되는 경우라는데 왜 당신이 뒤집어써.

경애	그만해… 첨부터 나한테 문제 있었는데 뭘… 약두 먹어보고 비방두 하구 기도두 하구 별별 짓 다 해두 내가 안 되는 건데 뭘.
동수	(O.L) 그러니까 내가 계소옥 난 자식 필요없으니까 스트레스 받을 거 눈곱만큼도 없구 그딴 짓두 필요없댔잖아…
경애	(울음 터지며 현관으로 나가는) …
순주	(경애 보며)
동수	(경애 보며)
용만	(탁자 보며) …
순주	(중얼거리는) 누가 스트레스를 줬다구
동수	(버럭) 스트레스 안 줬어요?!!
순주	??
동수	엄마서부터 온 집안 식구 몽땅 다 스트레스 안 줬어요?
순주	눈치만 봤지 나 스트레스 준 적 없다? 누가 스트레스 줄까봐 오히려 내가 눈 꿈쩍꿈쩍 막아주고 그랬는데
동수	(O.L) 저 사람한텐 그게 벌써 스트레스예요… 엄마 눈 꿈쩍거리구 저 사람 나오면 얼른 딴 얘기 하는 척 / 그런 모든 게 다요.
순주	결혼한 지 십 년이 목에 찼는데 나이 더 먹기 전에
동수	(O.L) 아 난 자식 같은 거 안 생겨도 아아무 상관없는 놈이란 말이에요. 오히려 생길까봐 겁나는 놈이에요!!
희경	(제 방에서 나와 못 들은 척 주방으로 / 물 가지러)
순주	?? 삼신할머니 들으셔 / (질색) 그게 무슨 싸가지 없는 소리야.
동수	집 한 칸 없이 부모한테 얹혀 간신히 밥 먹구 사는 주제에 자식

이 무슨 해당 사항이에요. 물려받을 유산 없어

동수   (E) (용만 위에) 학력 없어 능력 없어 빽도 없어 순전히 노동으로 먹고살 수밖에 없는 인생 / 아버지랑 다를 거 눈곱만큼도 없는 처지에 자식은 낳아서 뭐 해요. (희경 움직이다 돌아보는) 밥 세끼 먹여주는 거밖에 부모로서 해줄 수 있는 게 아무것도 없는데.

순주   (O.L) 개천에서 용두 나와… 누가 알아. 니 자식이 장관 / 대통령이 될지.

동수   (O.L) 그런 시대 끝났어요. 엄마 아버지 죽을힘 다해 열심히 살었어두 지금까지 이 모양이구 나 역시 아무리 기를 써도 그저 그렇게그렇게 살다 죽어요. 내 자식도 그럴 거구요. 우린 인구조사 숫자 보태기밖에 안 되는 사람들이에요. 자식 낳아봤자 그 숫자 한둘 보태는 일밖에 아아무 의미 없는 거구요. (남아있는데)

희경   (O.L) 뭐가 그렇게 길어. 스스로를 그렇게 비하하는 게 즐거워?

동수   야, 비하가 아니라 현실에 대한 인식이

희경   (O.L) 인구조사 숫자 보태기 오빠만 해. 오빠만 루저면 됐지 왜 아버지 엄마까지 실패잘 만들어?

동수   야.

희경   (상관없이) 부모 잘못 만나 오빠 별 볼일 없고 자식도 마찬가질 테니까 안 낳겠다 / 아버지 엄마 탓이다 그렇게 들려.

동수	내가 언제 그런 의미로 (했어) / 난 허황하지 않다 / 냉정하게 내 처지 알고 있다 그거야.
희경	그렇게 들렸어.
동수	니 귓구멍이 잘못된 거야 자식아.
희경	그렇다 치고 그만해… (물 마시고 동그랑땡으로)
동수	(불끈 일어나며) 어쨌든 우리한테서 아이는 포기하세요… 만에 하나 생긴다 그래도 안 날 테니까… (일어나 제 방으로 들어가 아내와 제 것 / 걸칠 옷 들고 현관으로 나가고) …
순주	… (보고 있다가 소리치는) 입방정 떨지 마… 팔자에 아들이 둘인데 왜 안 낳아.
동수	(휙 돌아보며) 아 딴 여자한테서 낳아요?
순주	인공수정도 있어.
동수	그 돈이 어딨어요. 엄마가 대줄 거예요? 아니, 글쎄 그렇게까지 해서 별 볼일 없이 살다 죽을 인간 하나 뭐 하러 보태요. 엄마나 내 새끼 딴 놈들한테 치어서 기 못 피구 크는 꼴 가슴 찢어져 못 봐요. (외치고 나가버리는)
순주	이눔 자식아!! (불끈 일어나려 하며)
용만	(아내 잡는)
순주	(남편 돌아보고) …
용만	(고개 젓는다)
순주	후후후후… (엉덩이 붙이며 한숨) …
용만	……

순주	(남편 보고) ……
용만	…… (티 마시기 시작하는) ……
순주	…… (좀 더 보다가 일어나 주방으로) …… (숟가락 들고 시작)
희경	(동그랑땡 만들며) … (사이 좀 두었다가) 엄마는…
순주	…
희경	(숟가락 집으며) 가만있지 왜 또오.
순주	구린 입두 안 떴어…
희경	어떻게 시작한 거야…
순주	지가 먼저 꺼냈어… 지가 애기씨가 없다구. 개뻑다구 소리… 눈 가리고 아웅도 유분수지.
용만	(가만히 차 마시는)…

S# 29 아파트 계단

경애	(계단에 웅크리고 앉아 울고 있는) ……
동수	(뒤에서 보고 선) …… (옷 걸쳐주는) …
경애	(입고)
동수	(점퍼 입으며 아내 옆에) 갈 데도 없으면서…
경애	……
동수	확실히 못 박아 뒀으니까 엄마두 알아들으셨을 거야.
경애	…
동수	생겨도 안 낳는댔어. 자식 필요 없다구.
경애	사기꾼.

동수	뭐?
경애	아이까지 생기게 놀았으면서 내가 첨이라구…
동수	야 그건 그때 어쩌다 보니까
경애	(O.L) 딴 여자 없었다구 하늘에 맹세한다 그래 놓구는.
동수	잠깐 술 취해서 말려들어 / 잠깐 / 그랬었던 거야… 아아무 의미 없는 상대였다구. 나이도 나보다 열두 살이나 많은 아줌마였는데 뭘.
경애	??? (입 벌리며 돌아보는)
동수	옛날 옛적 호랑이 담배 먹던 시절에.
경애	기막혀. 그렇게 늙은 여자랑 / 혹시 전문 아니었어 / ?
동수	그런 건 잡아떼는 게 기본이야. 당신 위해 숨긴 거라구… 잠깐이었어.
경애	잠깐에 아이가 생겼어?
동수	재수 없으니까 그게 그렇게 되더라구. 참 어이가 없어…
경애	잠깐이 얼마.
동수	하… 한 달??
경애	지금 그 애 어디서 크구 있는 거 아냐?
동수	아 엄마 얘기 못 들었어? 엄마가 타일러서 해결 보셨었어…
경애	어떻게… 병원 같이 가셨어?
동수	아마 그러셨을걸? 우리 엄마 야무지시니까……
경애	그냥 낳아서 키우구 있는지 알 게 뭐야…
동수	(보며… 설마했다가) 야 그런 일은 있을 수 없어… 서로 행복

빌어주면서 얘기 잘 끝내구 그렇게 했어… 착한 아줌마였어.

경애 착한 아줌마가 열두 살이나 어린 남자 꼬여서 그런 짓 해?

동수 외로워 그랬겠지이… 나한테 첫눈에 맘이 갔다 그랬었어…
      나이 상관없이 남자 그 자체라구… 엄청 좋아하구 엄청 잘해줬
      었는데…

경애 ?? (눈이 튀어나올 듯 노려보는)

동수 우후후후 아냐 아냐… 놀리는 거야. 아냐… (어깨 안으며) 당
      신이 최고야. 당신밖에 없어 흐흐흐흐.

경애 (팔 밀어내고 나가는)

동수 어디 가아… 여보… 경애야…

S# 30 근처 편의점

스탠드 탁자에서 소주 나누어 마시며.

경애 머리 별로 안 좋은 줄은 알지만, 자기 한 짓 있으면서 어머니한
      테 그런 거짓말 왜 해.

동수 워낙 옛날 일이구 기억하고 싶지 않은 사건이라 그랬는지 진짜
      깜박했었어… 어어이 노인네는 어떻게 그걸 안 까자시구 들이
      대냐…

경애 그걸 어떻게 깜박할 수가 있어. 머리 나쁜 짓 한 거지.

동수 글쎄 말야.

경애 아버님 어머님한테 나 뭐가 돼… 애도 못 낳으면서 남편한테
      덤터기까지 씌울라 그랬달 거 아냐.

동수	뭐얼… 끔찍한 부부애로 이해하시겠지…
경애	그렇잖어두 어머니 나 별로 안 좋아하시는데…
동수	?? 왜 뭐어…
경애	…
동수	엉?
경애	저번에…
동수	…… 저번에 …
경애	아냐.
동수	뭐야. 말해애애… 하라니까?
경애	너는 남편 복 많아 좋겠다… 동수가 너밖에 모르니…
동수	그게 뭐…
경애	애도 못 낳는 니가 뭐가 그렇게 좋다구 / 비꼬시는 거잖아…
동수	니가 꼬인 거지, 야 그걸 왜 그렇게 비틀어 받아들여.
경애	나한테는 그렇게 들려…
동수	그거 못나빠진 콤플렉스야. 그럴 필요 없나니까.
경애	여자로 태어나 엄마는 돼봐야지… 그게 며느리 의무고…
동수	아 깝깝한 소리 집어치워. 임재범 노래도 네 번까지야. 시끄러워.
경애	더 미워하실 거야.
동수	미워하기는. 당신 벌 받아. 우리 엄마 그런 사람 아니란 말야…
경애	속마음은 그러실 거라구. 어머니 뭐 특별히 훌륭한 분 아냐 보통이지. 나두 보통이구…
동수	눈곱 떠. 뭐야 여자가 지저분하게.

경애	(얼른 손끝으로 눈머리 찍어내는)
동수	(옆에 있는 휴지 뽑아 아내에게)
경애	(눈 닦으며) 나밖에 모르기는. 할 짓 다하구는… 순 사기꾼… 이혼해.
동수	뭐?
경애	이혼하자구. 이혼하구 딴 년 만나 애 낳구 신나게 살아. (울먹울먹) 나는 이제 당신 믿을 수도 없고 애도 못 낳고 아무 희망이 없어… 절망이라구…
동수	절망은… 걸핏하면 절망이냐?

S# 31 거실

동그랑땡 쟁반 거의 다 채워지는 참이고… 주방에서 하다가 자리 옮긴 / 앉아서 모녀.

용만	(티비 켜놓고 보며)……
	한동안 침묵.
용만	(돌아보며) 이부자리 준비해뒀어?
순주	에에.
용만	방 치워줘야겠네… (일어나며 / 다리가 좀 불편하다)
순주	작은애가 청소 싹 해놨는데 뭐…
용만	(안방으로) 이불 꺼내놓게…
순주	(잠깐 돌아보고)

S# 32 안방

용만 (들어와서… 한 번 둘러보듯 하고 옷걸이에 걸린 퇴근 때 입고 들어온 옷들과 아내 옷 서너 가지 떼어서 장 안에 / 자기 옷은 그냥 넣고 아내 옷은 옷걸이에 넣으며) ……

S# 33 거실

순주 … (거의 끝난 양푼 가장자리 숟가락으로 긁어모으며 중얼거리는) 돌대가리…

희경 (살전 하나하나 밀가루 묻혀서 놓으며 잠깐 보고) …… (그만두고 하던 일 계속)

순주 에이고오오오 (땅이 꺼지는 한숨) 소경 개천 나무래 뭐 해.

희경 작은오빠 말할 줄 모르는데 뭐.

순주 말을 못해?

희경 아무 말이나 하는 거 말야…

순주 그러니 돌대가리지…

희경 ……

용만 (문 열고) 냄새 없애는 칙칙이가 안 보여…

희경 (일어나며) 내가 어제 썼어요… (제 방으로) … (들어갔다가 스프레이 병 용만에게)

용만 (받아 들고 들어가는) …

S# 34 안방

용만 (들어와 방 구석구석에 스프레이 뿌리는) … (뿌리다가 문득 자기 아랫도리에도 뿜는다 / 칙칙칙) … (그리고 다시 방에 서너 번 더 뿌리고 병 들고 돌아서는)

S# 35 거실

용만 (나와서) 이거 여기 뒀어… (병 적당히 놓으며) 방바닥 내가 닦을게.

순주 (빈 양푼 들고 일어나는 참) 에에…

희경 (전거리 쟁반 싱크대 갖다놓으며 돌아보고)

S# 36 화장실

용만 (들어와 구석 걸레그릇에서 걸레 두 개쯤 들고 나가려다 도로 놓고 변기 날개 올린다) …

S# 37 주방

순주 (대접에 달걀 다섯 개 연달아 깨 넣어주는데)

희경 (쇠그물망 조리로 받고 있다가 다섯 개 다 끝내자 나무젓가락으로 달걀 알끈 집어내는) …

순주 (프라이팬 쿠커에 올리면서) 늙으면 입에 고무줄도 삭아서 헤벌레해지는 모양이야.

희경 (그냥 하던 일 계속)

순주	(프라이팬에 기름 두르고 불 켜며)
희경	왜 불을 벌써 켜… 계란 풀지도 않았는데… (풀기 시작하며)
순주	(쿠커 끄며) 잠깐 들어갔다 나오게.
희경	…
순주	(등이 아파 뒤로 두드리며 움직이는)
용만	(걸레 들고 욕실에서 나오고)
순주	(앞서 들어가고)
용만	(따라 들어가듯)

S# 38 안방

들어오는 부부.

순주	(풀썩 앉으며) 아구… 아구구구구… 나 등 좀…
용만	(걸레 적당히 놓고 아내 등 뒤로)
순주	(책상다리하고 앉아주고)
용만	(아내 한쪽 어깨 잡고 주먹으로 허리께서부터 위로 힘주어 밀어올리는)
순주	아그그그그그 아으으으으…
용만	아퍼? 좀 약하게 해?
순주	아니 그냥 / 괜찮어…
용만	(다시 밀어올리고)
순주	<u>ㅇㅇㅇㅇㅇㅇ</u>…

S# 39 주방

희경   (불 켜놓은 프라이팬 지켜보고 섰다가 / 휴지 서너 장 한꺼번에 뽑아 프라이팬 들고 한 차례 닦아서 휴지통에 넣고 프라이팬 얹고 불 줄여놓고 밀가루 묻혀놓은 고기살전 계란에 담가 하나씩 올리기 시작하는) ……

S# 40 안방

순주   …… 됐어…

용만   (떨어지며 걸레 집어들고 쭈그리고 앉아 닦기 시작하는) ……

순주   …… (보다가) 도나 개나 지껄이는 놈인데 뭐…

용만   …

용만   틀린 소리도 아닌데…

순주   틀린 소리 아닌 게 더 아프니까 말이지…

용만   …… (닦으며)

순주   (남편 보며) 자식은 부모 몰라…

용만   (닦으며) 입 다물기로 했으면 끝까지 다물어주지… 풀쑥 그런 실수를 왜 해…

순주   글쎄 말야…

용만   즈들 일 즈들 알아서 하는 건데…

순주   (아) 느닷없이 애기씨 없다는 게 말 돼? 내가 아는 게 있는데?

용만   지 처 탓 안 만들라 그런 거 아냐.

순주   탓이면 또 어때… 즈들 팔자가 그럼 할 수 없는 거지… 애 못

낳는다구 내쫓자구 들 거야 뭐… 죽구 못사는 즈들끼리 죽구
못살게 살면 되는 거지.

용만   (돌아보며) 실수한 거라구.

순주   아 왜 생뚱스런 소릴 해. 가슴 쿵 내려앉는 바람에 나도 모르게
샜단 말야… 설마 그런 일두 있을 수 있나

용만   (O.L) 쯔쯔쯔쯔… 그런다면 그래라 놔둬…

순주   조근조근 지 서방 잡드리 하느라 안 들어오구 있지 이거… 밴
댕이 소갈딱지.

S# 41 아파트 현관 앞

경애 팔짱 끼고 서서.

경애   어떻게 생겼어.

동수   아 몰라아 까마득한 옛일인데 (팔 잡아 들이려 하며) 어떻게
생겼는지 알게 뭐야.

경애   (잡힌 팔 흔들어 거부) 한 달이나 놀았다면서 얼굴도 생각 안
나? 눈 감고 놀았어?

동수   생각 안 나는 걸 어떡해.

경애   한 달이라는 거 정말야?

동수   그래, 그쯤일 거야. 그렇게 오래 아니었다니까.

경애   감쪽같이 속여놓고 그걸 믿으라구?

동수   그저 믿어 믿어… 믿고 잊어버리는 게 건강에 좋아.

경애   이뻤어?

동수	몰라. 생각 안 나. 내 기억에 없어.
경애	끌리는 데가 있으니까 어울렸을 거 아냐.
동수	그 나이에 남자는 더구나 술 취했을 땐 그냥 여자기만 하면 되는 그런 부분이 있어… 몰라? 절구통에 치마만 둘러노면
경애	(O.L) 한 달 동안 내내 술 취해 있었어?
동수	아으 아으…
경애	당신 그때 몇 살이었어?
동수	그게… 스물둘?
경애	그럼 그 여자 서른넷이네. 여자 서른넷 괜찮지 뭐… 나 아직 이십대 후반으로도 봐주는데… 이뻤어?

희숙 차 들어와 주차하는데 두 사람 무심하고.

동수	… (보며)
경애	이뻤냐구.
동수	(아) 이뻤으면 어떡할 거구 안 이뻤으면 어떡할 건데에…
경애	궁금해.
동수	왜 궁금해 왜. 뭐 할 건데.
경애	할 거 없어. 그냥 궁금해.
동수	아으 별거두 아닌 거에 목숨 거네, 이 아줌마.
희숙	(O.L / 화면 안으로 들어서며) 춘데 왜 나와 있어?
동수	어 누나…
경애	형님 웬일이세요?

S# 42 주방

희경 전 부치고 순주는 삼색나물 재료 씻는 중… 물 빼서 봉지에 담아뒀다 이튿날 아침에 만들 것. 잠시 말없이 사이…

순주   전화 좀 해봐.

희경   (돌아보고)

순주   안 들어오고 뭐 해. 전화하라구.

희경   놔둬… 바쁘지도 않은데 뭘.

순주   니 오래비 목 졸르구 있을 거란 말야. 얼른 불러들여. 됐어 내가 하께. (주방 나서는데)

동수   (E) (문 열고 들어오며) 누나 왔어요 엄마…

순주   ??

희숙   (들어서는) 엄마…

순주   ?? … (현관 쪽으로) 웬일이야?

희숙   (올라서며) 그냥… 준비 일찍 끝나서 잠깐… (코트 벗으며) 저 왔어요 아버지.

용만   (티비 켜놓고 밤껍질 벗기던 중) 으응… 오랜만이다… 주서방은.

희숙   (코트 처리하며) 혼자 왔어요…

순주   (O.L) 뭐 하러 명절 전날… 내일 같이 잠깐 왔다 가지… 승우 할머니 아시면 또 한소리 들을려구.

희숙   (코트 주머니에서 반으로 접힌 봉투 꺼내며) 굳은살 배겨 아무렇지도 않아요. 신경 쓰지 마세요.

순주   (투덜거리는) 죽으면 모를까 어떻게 그래…

한편 동시 진행.

경애는 주방으로 가 희경 부침질 이어 받고.

동수 제가 하께요.

용만 다 했어…

동수 주세요. (칼)

칼 넘어가고 동수가 껍질 벗기는.

용만 (그저 보고 있고)

희숙 (엄마 앞치마 주머니에 봉투 넣어주며) 내일 못 올 거 같아서…

순주 (보는)

희숙 주서방 약속 있다 그러구요… 오늘 때울래요.

순주 으으응. (그런 사정이구먼)

희숙 희경아 나 얼음 냉수 좀.

희경 어엉…

희숙 (아버지 쪽으로 / 앉으며) 오빠네 아직 안 왔나보네… (엄마에게)

순주 (주방으로 움직이며) 오고 있는 중이야

동수 용평 스키휴가 중. 귀족이잖우.

희숙 아버지 저랑 소주 한잔해요…

용만 먹구 싶어?

희숙 네… 엄마아…

순주 알았어…

희숙	(일어나며) 희경아 나 옷 좀 줘…
희경	(얼음 냉수 갖고 나와 탁자에 놓던 참) 옷 달라 소리 안 해서 금방 갈 건 줄 알았더니.
동수	차 안 갖구 왔어?
희숙	(핸드백과 코트 챙기며) 왜애애… (갖고 왔어)
동수	그럼 최소한 두 시간이요…
희경	별 걱정을 다해… (희숙 따르며)
순주	오징어두루치기 하까?
동수	누나 어제 육회거리 좋은 거 보냈다며요, 육회 무쳐주세요…
순주	형 오면 먹어.
동수	엄마 저도 똥꼬 아니구 입이에요.
용만	(O.L) 전 몇 개 줘…
동수	형은 날마다 존 거 먹는 사람이구 우리 집 육회쯤 아아무 감동 없는 사람이에요.
용만	가만있어.
동수	엄마 아버지 모시는 건 나예요. 미련 끊으라구요.
순주	(좀 팩해서) 아 시끄러워. 쟤 나가 술 먹었어? (경애에게) 술 먹여 들어왔니?
경애	아니에요 술은…
순주	그런데 왜 초저녁부터 게걸거려.
동수	(웃으며) 하이구 참 게걸거리는 게 뭐예요 엄마아아아…

S# 43 희경의 방

희숙   (트레이닝 바지 끌어올리면서 동생 보는) …

희경   (상의 들고 서서) … (뿌우) …

희숙   생각해봤는데… 꼭 다 털어놀 거 없을 거 같아… (보던 것 그 만두고 움직이며)

희경   …… (보며)

희숙   자신 없으면 딴 핑계 대서 헤어지는 게 나… 힘들게 털어놨는 데 안 받아들여지면 상처만 받는 거 아냐.

희경   (상의 내밀고)

희숙   (입으며) 처음부터 솔직하지… 쓸데없는 소리지만.

희경   어떻게 발전할지도 모르는데 처음부터 뭐 하러… 것도 웃기는 거지 뭐.

희숙   그렇긴 하지만. (바지 허리끈 조이는)

희경   양쪽 회사에 소문나 챙피만 당하구 끝이면 어떡해… 어떤 사람 인지도 모르면서 댓바람에 뭐어…

희숙   … (허리끈 묶는 / 그렇게 생각할 수도 있다)

희경   했어…

희숙   ?? (멈추고 보는)

희경   해버렸어…

희숙   … (그래서) …

희경   까였어…

희숙   … (보며)

희경	나흘 동안 전화 안 받더니 오늘… 삼십 분이나 늦게 나타나서 정식으로 깠어.
희숙	뭐라면서.
희경	충격이었대… 왜 거짓말했냐구 배신감 느꼈대.
희숙	담엔 털어놓고 시작해. 그 편이 나아… (다시 묶는)
희경	털어놓고 시작하자면 평생 연애는커녕 두 번 데이트도 못해보고 끝날 거야.
희숙	우리보다 더 형편 나쁜 남자면 문제 안 되잖아… (트레이닝 후드 정리하는)
희경	나 이러이러한 조건인데 나랑 사귀고 싶은 사람 손 들어 신문에 광고내야겠네.
희숙	(핸드백에서 통장 도장 / 서너 개 넣어진 비닐 주머니 꺼내 서랍에 넣으며) 보관해.
희경	뭔데…
희숙	통장…
희경	왜애…
희숙	미영이가 맡아뒀던 건데, 걔네 남편 승진해서 울산으로 이사가. 승우아빠 보여주기 싫어서…
희경	알았어…
희숙	(나가려)
희경	얼마나 돼?
희숙	다 합쳐 칠천 좀 넘어…

희경	도둑 들면 어떡해?
희숙	비밀번호 있어야 하니까 상관없어.
희경	어어. (참)
희숙	(문 열려 하다 돌아보며) 그런 인간 너도 필요없다 생각해…
희경	(끄덕이며) 그러고 있어… 걱정 마.

S# 44 거실

안주 간단히 놓아져 있고 / 깍두기, 전 몇 쪽.

나오는 자매.

동수	옷 갈아입는 데 뭐 그렇게 오래 걸려. 술 따러놓고 제사 지내는 중야.
희숙	(자리로) 먼저 시작하지.
동수	누나 나와야 된다 그러시잖아… 난 우리 집 찬밥 아냐.
희숙	(술잔 들며) 아버지…
용만	응… (술잔 들고 / 동수도 들고)
	가볍게 부딪치고 각각 마시고 용만 깍두기, 희숙 김 한 장 집어 들고.
동수	(전 집으며) 갈비 많이 팔었어? 설 선물용.
희숙	그럭저럭. 아버지 바쁘셨죠.
용만	응. 선물배달이 많은 때니까…
희숙	(따르다가) 그래도 아버지 건강하세요.
용만	호호 그 복은 타구났어. 니 엄마가 골골해 걱정이지.

순주   (주방에서 일하며) 골골은 누가…

용만   심심하면 감기 아냐.

순주   감기만 안 걸리면 뭐 해… 여기저기 맨 쑤시구 아프면서…

용만   그거야 평생 써먹은 몸뚱이 훈장 같은 거구 허허허.

희숙   노래방 오늘 놀지?

동수   오늘 하루 놀지…

순주   개 술 많이 먹이지 마라.

동수   이제 시작이에요.

순주   먹고 들어왔잖어.

동수   두 잔 먹었어요 딱 두 잔… 어어이 엄마 진짜 그러지 마세요. 지금 저 기분 그다지 좋지 않아요. 자극하지 말아주세요. (반농담 반진담)

순주   내 기분도 쌤쌤이야. 건드리지 말라구.

동수   낄낄낄 우리 엄마 참…

희숙   기분이 왜.

동수   아 엄마가… (하는데)

       현관벨 소리.

동수   예에에에. (일어나는)

순주   (동시에) 큰애 왔다… (주방에서 나오는)

동수   (현관 앞으로) 형이에요?

동식   (E) 그래애…

동수   (문 열어주고) 어서옵쇼오 어서 오세요 형수님.

혜리   (동식은 양손에 이것저것 선물상자들) 안녕하세요… 즈들 왔어요 어머님. 아버님 안녕하세요? (용만 – 어서 오너라) ?? 아가씨 웬일이세요?

희숙   (일어나 서 있다가) 잠깐 들렀어요… (하며 앉고)

순주   (O.L) 얘 애들은…

혜리   (O.L) 아 네 어머니… 작은 게 어제 야간스키 하면서 감기가 잔뜩 들어서요

동식   (O.L) 할머니 할아버지도 계시고 오늘은 즈이 둘만 왔어요.

동수   엄마 애들 길에서 스쳐두 몰라보겠다는데 웬만하면 데려오지.

동식   명절 지나고 하루 데려올께요… (탁자로)

순주   (꿍얼거리며 돌아서는) 어떻게 단속을 했길래… 적당히 놀리지 쯔쯔…

혜리   (옷 벗는 중) 어머니, 저 뭐 할까요?

순주   할 게 뭐 있어… 가로거치기나 하지. 저녁상 차려라.

경애   네에…

혜리   (O.L) 저희들 저녁 안 먹어도 돼요 어머님… 늦은 점심 먹고 출발했어요 / 차에서 케익도 먹고요. 민이아빠도 저도 다이어트 중이에요… 차리지 마 동서.

경애   네에…

순주   다이어트할 게 뭐가 있어

혜리   (O.L) 이이 고지혈이에요. 오킬로 감량하라고 닥터 처방 떨어졌어요.

동수	(O.L) 형 술잔하구 젓가락이나 갖고 오세요 형수님.
혜리	네에…
순주	(챙겨주며) 늬 집안이 너머 육식이라 그래… 식단을 신경 써야지 뺄 데가 어디 있다구.
혜리	체질이에요. 같이 먹어도 전 고지혈 아니에요.
동수	빨리 주세요오오.
혜리	아가씨 오랜만이에요. (희경 얼굴 들여다보듯)
희경	네에에… (시원찮지만 웃으며)
순주	그럼 육회는 안 되는 거네.
혜리	아으 네 안 돼요 어머니.
동수	(저쪽에서) 엄마아아 / (나 있어요오)
순주	아 그래 알었어. 꺼내… (고기)
경애	네에… (냉장고로)
혜리	(술잔 젓가락 들고 남편 옆으로 / 앉으며) 아버님 건강하시죠?
용만	(벌쭉) 그러엄… 오느라 고생했어…
혜리	제가 한잔 따러드릴께요… (술병 들며)
용만	애비 먼저 줘… 나 천천히 마셔야 해. (차 있는 술잔)
혜리	(술병 들고 눈 맞추는)
동식	(술병 빼내 따르면서) 일주일 만이야. 괜찮아.
동수	술도 끊어야 하나?
동식	먹지 말래.
동수	하하… 술 취미 없는 사람도 아니고 사는 재미 영 없겠네.

동식	(웃으며) 확실히 재미는 좀 없다…
동수	우린 그런 거 없잖우. 아무리 퍼먹다가두 사흘만 딱 쉬어주면 금방 어린애 간으로 회복되니깐 뭐.
희숙	좋아할 일 아냐. 너 술 좀 줄여야 해.
동수	술도 음식이야 누나.
동식	힘들지 않으세요?
용만	힘들 게 뭐 있어.
동식	그만두고 쉬셨으면 해요…
동수	아 오토바이 바꾼 게 이제 두 달이요. 새 오토바이 수명 이 년까지는 계속하실 건데 뭐.
동식	어머니도 그렇고 이제 그만 (하는데)
	순주의 전화벨(O.L) 탁자에서 울리는.
용만	엄마 전화 갖다줘.
희숙	(일어나 전화 집어다 주방 엄마에게) 엄마…
순주	누구야… (받는) 네에, 여보세요.
희숙 시모	(F) 스스스승우에미 거기 가 있어요?
순주	아 아이구 사부인 안녕하세요.
희숙	(거실로 나가다) ??
순주	(E) 예 에미 바꿔드릴게요. 에미야.
희숙	(받는) 네에…
시모	(F) 머머머뭐? 이이혼?
희숙	……

시모	(F) 오오오억 내고 이혼하자 그랬냐? 엉?
희숙	……
시모	(F) 왜 대대답을 못해. 사실이냐 말아아!!
희숙	네 그랬어요…
시모	(F) 저저저정신병자!! 니까짓 게 뭔데!!!!
희숙	…
시모	(F) 너너너 뭐 한 게 있다구 오억 / 오오억? 어디서 건방지게
희숙	(O.L / 터지는) 정신병자는 어머니 아들이에요!! 네 건방지게 이혼해요!! (끊는)

순주·희경·경애 ???

거실 사람들 모두 주방 보고 있고 /

순주	이 이이게 무슨 그게 무슨 소리야?
희숙	… (전화 싱크대에 놓고 그냥 나가려는)
희경	언니…
희숙	(거실 탁자로 나가 앉으며 소주 마시고 내려놓는) ……
용만	… (보며)
동식	… (보는 / 혜리 옆에서)
동수	… (보며)
순주	(지글거리는 프라이팬 불 끄고)

희경·경애 (순주 보고)

순주	(거실로 나와 딸 건드리며) 들어가 나하구 얘기해…
희숙	(엄마 손 비키면서 울음 터지기 직전) 끝내구서 얘기할 참이었

는데… 뭐… 좋아. 어차피 다 알 일이니까… (술 따라 소주잔 채워 들고) …… (내려다보다가) 죄송해요 아버지. 저 이혼해요… (마시는)

모두   … (희숙 보는)

제2부

S# 1 거실과 주방

주방에 경애와 희경 / 경애는 소리 안 나는 일 하는 척.

희경　(거실 보고 있는)

거실의 가족들 시선 한꺼번에 받고 있는.

희숙　… (입 꾹 다물고 흐르는 눈물 손바닥으로 연신 닦아내는)

용만　(두루말이 휴지 집어 끊어서 희숙에게)

희숙　(받아서) …

동식　왜…

희숙　…

동수	왜 누나… 왜가 있어야지 / 갑자기 무슨 뚱딴지 / 자형 바람났어? 딴 여자 생겼어?
희숙	(O.L / 감정 억누르면서) 소송해야 할 거 같아… (동식 보며) 이혼전문 변호사… (울컥하는 것 누르며) 돈 잘 받아내는 변호사 찾아줘…
동식	… (보는) …
혜리	(옆으로 남편 보고) …
희숙	이혼에는 여자 변호사가 낫다 그러든데…
동식	주서방 딴짓해?
희숙	딴짓 / (고개 잠깐 옆으로 들며) 허… 딴짓… (고개 앞 아래로) 결혼해서… 둘이 산 거 몇 년 안 돼. 내가 아는 것만도 다섯이야…
희숙	(E) (아연한 가족들 위에) 싸우고싸우고싸우고…… 참구참구참구…… 이제 더는… 도오저히 그 인간보다 내가 더 한심해서… 더 살다가는 아무래도 돌아버릴 거 같아서… 죽이고 수갑찰 거 같아서… 그러든지 집에 불내서 같이 타죽구 끝장내든지…
용만	(O.L) 희숙아… (그런 말 하는 거 아냐)
희숙	(O.L) 별별 독한 생각을 다… 별별 막 생각을 다 하면서… 응응… 꼬리 밟힐 때마다 이혼하자구… 남자 그럴 수도 있지 시어머니 / 입에 못 담을 온갖 욕 퍼붓고 의부증 환자 / 정신병원 처넣는다구 그동안 당한 일 책으로 쓰면 열 권도 모자라. 심심

하면 돈 보고 시집온 년 / 구멍구멍 돈 빼돌려 친정 갖다주는 거 다 안다 그러는데…

가족들 ??

동수 등신같이 그걸 왜 참구 살어 왜애애!!

희숙 (E) 오기 나서!! 시어머니 영원히 사는 거 아니구 그 인간 안 늙을 거 아니구

희숙 그때까지만 견뎠다가 본격적으로 재산 빼돌려 알거지 만들어 놓자

동수 (O.L) 무슨 말도 말도 안 되는 소리야 누나!!

순주 (O.L / 터지는) 그러구 살면서 어떻게 그렇게 (목메어) 입 꼭 다물고!! 에미 됐다 뭐 해!! 국 끓여먹을라 그랬어?

희숙 (O.L) 나 왜 보냈어어… 가기 싫다는데 왜 가랬어어어.

순주 그눔 / 너한테 미쳐 애걸복걸 죽네사네 / 시어머니 재목도 달라구 매달리구 / 그래서 평생 돈 걱정할 필요 없이 살라구 그랬지 /

희숙 엄마 나 십오 년 종살이했어. 승우 낳고 한 달 쉰 게 전부야.

순주 (그래 알어) 시집가면서부터 일 시켜 먹어 왜 약속이 틀리냐 그랬더니 주서방 그놈 그게 결국 늬들 식당이다 / 종업원 아니구 부사장이다 어쩌구 / 그두 틀린 말 아니다 넘어갔는데… 일에 치여 살 한 점 못 붙구 사는 거 속은 상했지만 그래두 재산 늘궈가며 의좋게 사나부다 했지… 에미 됐다 뭐 할라구우우 (울음이 터지는) 우우우우…

희숙   … (보다가 터진다) 엄마가 알아서 뭐 하게에… 놀구 먹는 안

방마님두 아니구우우우…

동수   그러니까 누나

희숙   (O.L) 그러니까 나한테 참으라 소리 / 그냥 살라 소리 하지 마.

순주   새끼가 있는데 새끼는 어떡해애애…

동수   아 됐어요 엄마. (길게 얘기할 거 없어) 치워 누나. 살지 마. 끝

장 내. 그런 상놈의 집구석에서 더 이상 썩어줄 거 없어. 누날

얼마나 뼈빠지게 부려 먹었는데!! 식당 그거 주방에서부터 호

올 / 종업원 관리 세금문제까지 누나가 다 꾸렸잖아. 남편이라

는 작자 건성건성 들락거리면서 날이면 날마다 골프 낚시 사냥

다니구 그러면서 뭐 바람질까지? 능력도 좋네. 어어 끝내준다

아!!

동식   야!

동수   돈을 빼돌려? 옘병할. 누나 돈 빼돌려 뭐 했어? 어따 썼어 엉?

희경   좀 가만있어. (주방에서)

동수   (상관없이) 나 모르게 아버지 우리 누나 덕 본 거 있어요? 우리

모르게 받아 챙긴 거 있어요? 김포 상가 누나한테 받아 샀어

요?

순주   무슨 개코같은 소리야 이눔아…

동수   아니이이 빼돌렸다니까아 빼돌려서 다 뭐 했냐 말이에요, 내

말으은.

순주   (O.L) 일 년에 서너 차례 오만 원 십만 원 용돈 받은 거 말구

받은 게 있으면 내가 우리 아버지 딸 아냐 /

희경 (거실로 나서면서) 오빠 그런 뜻 아냐. 덕본 거 눈곱만큼도 없는데 무슨 헛소리냔 뜻인데 엄만 뭘 그걸 정식으로 들어…

순주 김포 상가…

희경 아우 참… 빨리 정정해애.

동수 아, 엄마 그 인간들 무슨 벼락 때릴 소리 하구 자빠졌냐 뜻이에요.

순주 그걸 왜 그렇게 말해애!!

희경 말할 줄 모른다 그랬잖어… 엄마는 들을 줄 모르구우우…

순주 이게 다 우리가 없이 산다구 깔봐서 깔보는 거야 이게 다…

동수 없이 살면 깔봐두 된다 누가 그랬어요. 우리요 엄마 나 벌어 내 밥 먹구 살아요오. 어디서 개애… 어으 순 상것들 / 살지 마. 엎어. 종쳐. 내가 책임질 테니까 끝내버려!!

희경 그만 좀 해. 시끄러워 죽겠어…

동수 피가 거꾸루 도는데 너 기 안 막혀?

희경 나 너무 기가 막혀 아무 말도 안 나와. 거기는 미친 사람들이구 언니는 바보천치야. 그게 다야… (하고 제 방으로 들어가버리고) 잠시 사이 두었다가.

순주 새끼한테는 그래두 아버지 엄마가 같이 있어야지이이…

동수 (O.L) 이혼한 사람들 매앤이에요. 괜찮아요 상관없어요.

동식 (O.L) 너 입 좀 다물어…

동수 ?? … 알았어요…

동식 어디까지 한 거야… 이혼하자고 정식으로 얘기했어?

희숙	응…
동식	언제…
희숙	아까… 두 시간 전쯤…
동식	결심은 언제했어… 어떤 계기로…
희숙	(E) (탁자 내려다보는 용만 위에) 모텔 들어갔다는 연락이 와서… 수상해서 며칠 전부터 누구 붙여놨었어… 거기 가 나올 때 기다리면서… 더 이상은 그만하자…… 그랬어…
희숙	사고칠 때마다 이혼하자구… 이혼을 해주든지 자길 포기하고 내버려두든지 하라 그러더니… 하자니까… (쓴웃음) 로또 맞았냐구… 남자 생겼냐구…
순주	저런 나쁜 눔…
희숙	그냥 한번 해보는 거냐구… 비웃으면서…
동식	… 그래서?
희숙	오억 내구 승우 교육비 생활비 내랬더니… 잠꼬대 말래… 수억 빼돌렸잖냐구… 정말 치가 떨려… 정말 죽여버리구 끝내구 싶어…
동수	여태 사고 안 친 게 장하다 누나.
희숙	승우도 못 준대. 자기 엄마가 승우 줄 거 같냐구…
동수	안 준다면 말아 까짓… 누나 아직 젊어… 혹 달린 이혼녀 되지 말고 오억 챙겨서 누나만 빠져나와.
동식	(O.L) 어떻게 생각한 오억이야.
희숙	내 인건비… 한 달 이백만 쳐도 삼억 육천이야… 열 시 출근해

서 밤 열 시까지 열두 시간 꼬박… 나 오백만큼 일했어.

동식 이혼소송이라는 게 너… 소송 중에도 제일 치사하고 더러운 거야…

희숙 (끄덕이는) 그렇대…

동식 너하고 결혼 후 승우 아버지 앞으로 늘어난 재산 있지?

희숙 의정부에 건물이랑… 지금 가게 옆 건물 양쪽으로 그것도 샀구

동식 (O.L) 그럼 니가 그동안 일해서 기여한 거 인정받으면 위자료하고 별도로 재산분할청구도 들어갈 수 있어.

순주 (O.L 한 무릎 나앉듯 하며) 아니이이… 이혼은 언제 해두 할 수 있는 거구… 생각을 좀… 자식을 어떡해 에미야…

동수 (O.L) 아 엄마, 그러지 마세요 좀. 둘이 살아본 적 별로 없다면 말 다한 거지 뭘 더 생각할 게 있어요. 거기다 죽어라 부려먹으면서 돈 빼돌린다는 소리까지 들어가며 살았다는데, 나 성질대로면 당장 쳐들어가 박살내고 인생 땡칠 일이에요.

경애 (아으으으) 당신 흥분 좀 하지 마아아…

동수 우릴 얼마나 깔보구 무시하면 그딴 (개소리와 함께 / 탁자 주먹으로 쾅 치며) 개소리예요!! 솔직히 누나 시집갈 때 나 솔직히 / 누나가 부자한테 시집가니까 그 덕 좀 보나 그랬어요. 최소한 엄마 아버지 뜨듯한 오리털 파카 / 털신이라도 얻어 입겠지 에? 최소한 희경이 대학등록금은 좀 보태주겠지 에? 솔직히 우리 / 집도 없었잖아요. 아버지 벌구 엄마 벌어두 반 이상 할아버지 병원비로 꼬라박구 그것도 모자라 간신히 붙잡은 이 집

잡혀 쓰고 우리 빈민이었잖아요 에? 빚 없이 밥 먹구 사는 게 얼마나 됐어요. 불과 오륙 년밖에 안 돼요.

동식 왜 이렇게 장광설이야.

동수 누나 덕본 거 쥐똥두 없다 그거야.

동식 그거 모르는 사람 여기 누구야.

동수 그러는 형은 (뭐 한 거 있어)

용만 (O.L) 동수야…

동수 ?? 예…

용만 … (보는 / 쓸데없는 소리 왜 해)

동수 예… 알았어요…

용만 (아내에게) 육회 어떻게 됐어…

순주 지금 육회가

용만 (O.L / 일어나며) 해줘… 먹고 싶다는데… (화장실로 들어가고)

순주 (경애에게) 얘…

경애 네에.

경애 (깨끗한 도마와 칼 내놓고 냉장고에서 살짝 얼린 육회 고기 꺼내 랩 벗겨놓는) …

동식 더 마실래?

희숙 (고개 젓는데)

　　　　혜리 핸드백에서 울리는 전화벨.

동식 (혜리 보고)

혜리 (일어나 핸드백으로 / 전화 꺼내보고 남편 돌아보고 / 전화 가리키며 어떡하지?)

동식 (잠깐 희숙과 동수 눈치 보는)

동수 (마시며) 내 말 고까와하지 마… 내가 뭘 바래서가 아니라… 우리 받아먹은 거도 없이 억울한 소리까지 들으며 누나가 얼마나 힘들었을까 그래서

희숙 (O.L) 알아… 신경 쓰지 마…

혜리 네… 네 잠깐만요… (하고 안방으로 들어가는)

동수 ?? (잠깐 보고)

동식 (술 따르는)

S# 2 안방

혜리 (들어와서) 응 엄마… 아니 아직… 지금 상황이 좀 그래요… 아니이… 좀… 나중에 얘기할게… 응… 애들은… 기어이 또오?… 아이구 못 말려… 알았어요… 알았다구우우… 응… 네…

S# 3 화장실

용만 (우두커니 서 있는 / 타일바닥 내려다보며) ……

S# 4 거실

동수 (소주 반 잔에 술 떨어지고 술병 들고 일어나며) 여보 술…

경애 (육회 썰다가) 그만해애애… (작게)

동수 기별도 안 갔는데 무슨… 전 바꿔줘. 다 식었어…

경애	… (불만이지만 전 새 접시에)
동수	… (잠깐 엄마 눈치 보고 전 담는 것 보고 있는데)
희경	(파카 입고 희경의 코트 팔에 걸고 나오며) 잠깐 나갔다 들어오자 언니.
동수	(돌아보고)
희숙	(돌아보며) 어디…
희경	새로 생긴 카페 있어… 커피도 맛있고 분위기도 좋아…
동수	추운데 뭐 하러… (전 접시와 소주 한 병 받으며)
희숙	(일어나는)
동수	나가요?
희숙	… (희경이 입혀주는 코트에 팔 넣는)
혜리	(안방에서 나오다 보고) 가시게요?
희숙	아뇨… 잠깐 바람 쐬러…
혜리	답답하죠오… 내 가슴도 이렇게 답답한데 답답할 거예요.
희숙	…
동수	(탁자로) 무슨 비밀 전화예요?
혜리	비밀은… 그런 게 어디 있어요…
동수	보나마나 애들일 텐데 굳이 방으로 들어가셔서요… (용만 나오고)
희경	아버지, 우리 잠깐 나가서 커피 마시고 들어와요…
용만	어어 그렇게 해…
혜리	(앉으며 남편 보는) … (어떡해)

동식	… (아내와 눈 맞추고) 저기요 아버지…
용만	응…
동식	이 사람… 보내야 해요…
용만	??
동수	(소주병 따 아버지 잔에 따르다) ?

현관 / 자매 신 신다가 ???

순주	(주방으로 움직이다가) ?? (돌아보고)
경애	(육회 썰기 시작하다 돌아보는) ?
용만	가야 해?
동식	작은놈이 감기가 잔뜩 들어서 아무래도 에미가
순주	(O.L) 얘 간난쟁이두 아니구 다 큰 녀석들 할머니 할아버지두 계신데
혜리	(O.L) 저기요 어머니, 엄마도 아직 여독이 안 풀려서 컨디션이 안 좋아요…
동수	(술병 든 채 보고 있고)
동식	뉴욕서 여기까지 장거리 비행에 지치신 데다 피로도 풀리기 전에 곧장 용평 가서서 많이 힘들어 하셔요… 잠시도 가만 안 있는 애녀석들 쫓아다니시기에는 무리예요. 아버님 당도 많이 올라가 있는 상태고 그래서
동수	(O.L) 뭐 하러 오셨어요? 아예 오지를 말지 뭐 하러…
혜리	아으 어떻게 명절인데에 // 와서 아버님 어머님께 인사라도 드리고 가야죠 서방님.

동수	(O.L) 형수님이 언제 명절 상관있는 분이세요?
동식	동수야.
희경	(O.L) 오빠. (거실 중앙으로 빠르게)
동수	지난 추석에 미국 가서서 추석 차례 / 추석 뒤 연달아 제사 다 빠지구 형제 다 같이 한자리, 이거 얼마 만인데 해도해도 너무 하시는 거 아니에요?
동수	야, 사정이
동식	(O.L) 언제는 그럴듯한 사정 없었어 염병할?
희경	(동수 등 퍽 가볍게 때리고 팔 끼어 일으키려 하며) 일어나 일어나, 빨리.
동수	아 놔둬 이 기집애야.
희경	일어나자니까아… 나가서 바람 쐬구 들어와 응?
동수	아 놔두라구우우!! (하는데)
경애	(E) 아아아!!
모두	(그쪽 보고)
순주	왜 그래…
경애	(왼쪽 검지 오른손으로 싸쥐고) 베베었어요.
동수	(후닥탁 뛰며) 어으으 드응신 얼마나아아…
순주	아이구 얘 피 많이 나아… 꽉 눌러 꽉… 이리 나와 얼른. 얼르으은.
동수	어디 봐 보자구. (손 떼면 핏줄 주르르 / 꽉 쥐며) 살점 떨어진 거 아냐 이거? 고기 모자라 보냈냐? 어이구 등신. 조심하지이 /

경애	귀청 떨어지겠어… 소리 좀 지르지 마아아.
동수	(경애 끌고 나와 제 방으로 아웃)
순주	(아들 내외 들어가는 것 보고 있다가 주방으로 돌아서며 투덜거리는) 시집온 지가 언젠데 (어이그으) 어설픈 거엇… (육회 자기가 썰기 시작하는) …
희경	(현관 돌아보면) …
희숙	(나가고 없다)
희경	(현관으로 나가고)

S# 5 아파트 현관 앞 / 길

희숙	(먼저 나서 돌아보며 기다리는) …… (찬 바람에 코트 깃 올리고)
희경	(나와서 옆으로)
희숙	(걷기 시작하며) 많이 뺐어?
희경	몰라… 걸핏하면 베는 사람인데 뭘… 일하기 싫어 그러는 거 같아.
희숙	시누이 모략이다…
희경	흐흐흐 그래… 맞어… (언니 팔 끼고) …
	잠시 그대로 걷는 자매.
희경	갈빗집 노동이 너무 고된가부다… 그랬었어…
희숙	……
희경	만년 종업원 데려갔냐구 주씨한테 내가 여러 번 뭐랬었잖어.
희숙	새언니랑 오빠 심한 거 아니니?

희경	뭐… 며느리 들인 게 아니라 데릴사위 준 거 된 지 오랜데 뭐.
희숙	아들 없는 처가 아들노릇 하면 그럴 수도 있는데 그래도 우리 한테도… 성의는 갖춰야지 형식만이라도.
희경	아버님 어머님 아가씨 서방님은 날아가게 하잖어. 생각하면 큰 오빠가 머저리거나… 아니면 싸가지거나 둘 중에 하나야…
희숙	과분한 처가에 / 어쨌든 아들 아니구 사위니까… 그 처지에 자기 목소리 내기 어렵겠지.
희경	처가 비위 맞추며 찌그러져 사는 건 좋아. 뭐 자기 인생이니까. 자기가 선택한 거니까… 그런데… 우리를… 엄마 아버지 처량하게 만드는 건 열받아… 우리 집에서 제일 혜택받은 사람 누구야.
희숙	…
희경	언니랑 작은오빠 대학도 포기했잖아…
희숙	혼자 머리가 좋았어…
희경	언니도 그만큼은 됐어… 작은오빠는 공부 별로였지만 지금은 막노동이라도 해서 졸업할 걸 후회되나봐… 그럼 지금 고등학교 체육선생인데 노래방 실장 하구 있다구…
희숙	할아버지 쓰러지셔서 병원 들어가셨었어. 공부도 학운이라는 게 있어야 한다드라… 나도 동수도 그게 없었겠지… 너는 있어서 갔고…
희경	언니는 그런 거 없는데 작은오빠는 학력 콤플렉스 있어.
희숙	나도 있어…

희경	… (보는)
희숙	미화원 아버지… 가사도우미 엄마… 그 콤플렉스도 있구…
희경	그건 나두 있어…
희숙	…
희경	…

S# 6 거실

말없이 뿌우 앉아 있는 동식, 혜리 / 용만

순주	(뿌우우 육회 양념해 무치는) …
	경애와 동수 방에서 나오는 경애는 주방으로 / 전 부치러.
동수	물일 시키지 마세요 엄마…
순주	… (대답 안 하고)
용만	많이 다쳤어?
동수	(와서 앉으며) 물 들어가면 안 되니까요.
순주	(서랍에서 손가락장갑 꺼내 놓으며) 끼…
경애	네에…
순주	(육회 들고 거실로 / 육회 접시 내려놓고 일어나는데)
용만	에미 가라구 해…
순주	(돌아보는) …
용만	보내…
동식	(아버지 보고)
용만	애, 어이 가… 일어나 엉?

혜리	죄송해요 아버님…
용만	아냐… 가… 괜찮아.

동수는 육회 먹기 시작하고.

혜리	그럼… (하고 일어서서) 아버지 엄마 출국하시면 애들 데리고 찾아뵐께요…
용만	응 그렇게 해…
혜리	(돌아서며) 어머님, 죄송해요… 저 먼저 가요…
순주	……

동식 / 혜리에게 코트 입혀주고 백 집어주고 하는데.

순주	(E) (O.L) 너 차암 너무한다…
부부	???
순주	다른 날두 아니구 조상 차례 모시는 설이야. 차례 올리고 금방 뜨면 열두 시 한 시면 도착할 텐데 그 안에 무슨 큰일 생길까봐 기어이 가… 하룻밤도 못 자?
용만	사부인 편찮으시대애.
순주	아픈 건 작은놈이고 사부인은 여독이래요.
용만	어쨌든.
순주	늬들 재운다구 방 닦구 칙칙이 뿌리구 이부자리 내놓구 아버지가 다 하셨어. 너 여기서 자는 거 얼마 만이야… 작년 설에두 늬들 애들 데리구 늬집 가 자구 와 차례 지내자마자 용평 되들어갔어… 늬들 때매 아버지가 몇 시간을 보일러 돌렸는데두 애들이 취한다구우…

혜리	어머님
순주	(O.L) 하룻밤도 못자?
동식	어머니
순주	왜 우리 집에 귀신 나와?
동식	그런 게 아니잖아요 어머니… 작은놈이 아프고
순주	(O.L) 눈밭에 풀어논 놈 감기가 뭐 대수야… 그걸로 죽어?
동식	왜 이러세요.
순주	(O.L) 장인장모만 대단하구 늬 아버지랑 나는 헛짜배기야? 깔아뭉개두 돼?
동식	무슨 그런 말씀을 하세요오.
순주	너 하는 짓이 그래 이눔아. 아무리 내논 자식으루 치부하구 살지만 어쩌면 이렇게 우리한테 인색해 이 자식아.
동식	어머니이이 /
순주	니 동생이 이혼한대… 천덕꾸러기 좀도둑 취급받고 살다가 이혼을 당한다는데, 이 판국에 그래 지 새끼 감기 좀 들었다구 시장모 여독이라 그냥 간다구 일어나?
동식	에미만 보내요, 저는 안 가요.
순주	장인장모만 대단해? 늬 아버지가 변호사래두 너 이럴 수 있어?
동식	그게 무슨 무슨 말씀이세요 도대체에.
순주	에라이 무녀리 같은 눔. 이런 취급 받을라구 늬 아버지랑 천지에 없는 자식 떠받들듯 등신짓 안 했어.
동식	그러신 게 뭐 있어요. 특별히 저 때문에 저한테 더 하신 게 뭔

데요.

순주 뭐뭐 뭐뭐라구? 뭐라구?

용만 (O.L) 그만해.

순주 여보, 이눔 말하는 것 좀 봐.

용만 그만하라니까. (조금 크게)

순주 여보.

동수 (불끈 일어나며 / O.L) 엄마 가만계세요. 저 나가요… 하실 얘기 있으면 저 나간 뒤에 하세요… 가만계세요 가만요. 형도 가만있어요. 나 나가면 계속해요… 가만있어요.

문 닫기자.

순주 마암대로 하고 싶은 대로 해… 제사고 명절이고 오지 마. 싫어 싫어하면서 / 뻐언히 보여. 고맙지두 반갑지두 않어…

혜리 어머니 그건 오해세요오.

순주 (휙 돌아보며) 얘… 나 천치 아냐… 늬 아버지 바보 아냐아 아…

용만 당신 오해야.

순주 ??

용만 왜 오핼 해애… 형편따라지… 늬 어머니 (일어나며) 희숙이 때문에 예민해서 그래… 종로서 뺨 맞고 한강에 발길질하는 거 그런 거… 허허… 가야겠으면 늦기 전에 가… 보내 엉? (안방으로 들어가고)

부부 ……

순주	(자기 할 일) …
경애	(전 부치며 할끔할끔 동식 부부 보는) …
혜리	(희경의 방으로 들어가고)
동식	… (잠시 보고 있다가 따라 들어가는)
경애	… (보며)

S# 7 희경의 방

혜리	…
동식	(들어와 보는) …
혜리	당신 집 식구들 너무 꼬였어…
동식	… (보며)
혜리	어머니까지 그러신 줄은 미처 몰랐어… 왜 엉뚱한 사람한테 화풀이 / 아가씨 이혼이 나하구 무슨 상관인데.
동식	… (침대에 걸터앉는)
혜리	(마주 서며) 거짓말하구 빠져나가는 것도 아닌데에…
동식	…
혜리	얼굴 뵙구 인사드렸으면 됐지… 왜 꼭 다 같이 자야해. 난민수용소처럼 이 방 저 방 마루까지.
동식	우리한테는 안방 내주시잖아.
혜리	그거도 불편하다니까?
동식	…
혜리	방바닥 잠은 얼마나 힘든데… 화장실 갈려면 아버님 어머님 주

무시는 마루 통과해야지, 방에서 냄새는 나지.

동식   그만한 불편쯤으로 하룻밤에 안 죽어. (불쾌해서)

혜리   ??? (이 남자 누가 죽는댔어?)

S# 8 동네 입구 카페(이름만 카페 / 그래도 커피 메뉴는 다 있다)

자매 / 각각 커피 마시면서…… 사이.

희숙   (커피 조금 남은 것 내려놓으며) 맛있네.

희경   그렇다니까?

희숙   그래도 나는 가게서 빼먹는 자판기야…

희경   흐흐 작은오빠도 그래.

희숙   결혼하지 마.

희경   … 성공한 사람들도 있잖아.

희숙   있지… 많지… 그런데 내막을 누가 알겠니… 나는 성공한 결혼
으로 보이는 사람들 순수하게 다 안 믿어… 무슨 사연을 감추
고 있는지 어떻게 알어… 남들한테 보이는 게 전부가 아닐 거
야… 나도 남들한테는 그 집 복덩이 며느리로 불렸어… 시어머
니하구 그 인간 / 남 보는 데서 얼마나 쇼를 잘하는데… 실제
는 똥 취급하면서.

희경   어떻게 견뎠어… 바람질도 도둑고양이 취급도… 끔찍한 치욕
인데…

희숙   (쓴웃음) 난 니가 아닌데 뭐… 아무 능력 없으니까 비굴해도
그냥 뭉갰지…

희경	오억… 왜 오억이야. 십억쯤 때리지.
희숙	(쓰게 웃으며) 올리까?
희경	이십억쯤 청구해… 어차피 깎일 테니까…
희숙	오억이면 돼… 시장 입구에 갈비탕 냉면집 낼 거야…
희경	(보는) ……
희숙	갈비 세 대 넣는 거 네 대 다섯 대 너주면서 자신 있어. 그 집 맛내기 노하우 다 알거든
희경	승우는…
희숙	데려와야지… 거기 두면 애 그 사람들 판박이 될 거야… 무서워…
희경	디엔에이가 앞 아닌가?
희숙	아직 순진하고 착해… 내가 키우면 문제없어… 내 쪽인 거 같아.
동수	(E) 나 사이다 주세요. (둘 고개 돌아가고 /)
종업원	(E) 네에…
동수	(와서 아무렇게나 푹 앉는다)
희경	어떻게 알었어?
동수	새로 생긴 카페… (랬잖어)
희경	아아. 왜 나왔어?
동수	그냥 있다간 형 멱살 잡는 불학무식한 놈 될 거 같아서.
희경	그 언니는 참… 너무한 거 아냐 번번이??
동수	으ㅎㅎㅎㅎ
희경	?? (왜 웃어?)

희경	?? 그 언니는 참… 너무한 거 아냐? 왜애. (희숙은 그냥 보고)
동수	작은녀석이 감기고 사부인 여독 안 풀리고
희경	(O.L) 기막혀… 번번이 참 핑계도 잘 만들어낸다.
동수	<u>으흐흐흐흐</u>
희경	?? (왜 웃어?)
동수	오면서 생각해보니까 엄마 나 때문에 선수 치신 거 같아. 그래서 웃는 거야… 스을슬 히팅이 되는데 엄마가 갑자기 빡 올라서 형 디리 잡으시더라구.
희숙	엄마가?
동수	장인 장모만 대단하냐구. 변호사 집안만 제일이냐, 우리는 사람 아니냐구.
희경	엄마가 웬일야.
희숙	오빠 뭐래.
동수	자기는 억울하다는 거지 뭐. 잘못했습니다로 수습하지 형 자꾸 토달구 나서서 거깅다가는 어떻게 될지 몰라 나와버렸어… (놓여지는 사이다 집어올려 마시는)
희숙	잘했어… 잘한 거야…
희경	아버지는…
동수	아버지 뻔하잖아. 오냐 가, 가 가라구.
희경	… (한심한 숨 짧게 내쉬고) 갔어?
동수	갔겠지. 중간에 나왔다니까. (아예 컵 비우고 내리며) 뭐 더 끌겠냐? 우리 엄마로서는 그야말로 필사의 용길 내신 건데… 아

버지가 수습하셨겠지…

희숙 니 댁 손은… 많이 벴어?

동수 (제 검지 보며) 여기 끝마디 세로로 스윽 / 꽤 벴어. 괜찮아. 처
치 제대로 했어…

S# 9 거실 주방

경애 (전 부치기 거의 마무리) ……

순주 (탕국 앉히는 중) ……

용만 (꾸부리고 앉아서 멍하니 그냥 티비 보는 건지 안 보는 건지)
…

술상은 그대로.

희경의 방에서 나오는 동식 부부.

동식 (혜리의 코트, 핸드백 들고 안방으로 들어가고)

혜리 (주방 쪽으로) …

용만 (아들 내외 나오자 머엉하니 보는) …

순주 (들어서는 혜리 흘깃 보고)

경애 (보고)

혜리 저 안 가요 어머니… 잘못했어요…

순주 올 때부터 갈 참으로 갈아입을 옷도 안 갖구 왔는데, 너 안 간
다구 내 기분 니 기분 좋아질 거도 없구… 가기로 했으면 가…

혜리 엄마하고 통화했어요… 차도 보냈구요… 안 가도 돼요…

순주 ……

혜리	(경애에게) 내가 하께… 이리 내…
경애	다 했는데…
혜리	(경애의 뒤지개 빼내 프라이팬 앞으로) …
순주	녹두전 부칠 김치 꺼내 머리 잘라놔…
경애	네에…
순주	(안방으로)
용만	(움직이는 아내 보고)

S# 10 안방

순주	(들어오는)
동식	(마침 나가려다 주춤) …
순주	(서랍에서 자기 가내복 이것저것 꺼내보는) …
동식	(보며) ……
순주	(이게 날까 저게 날까) …
동식	왜 / 그렇게까지 심하게 말씀하셔요.
순주	……
동식	어머니.
순주	멀쩡한 자식 처가에 뺏기고 얼굴 구경도 못하는 부모 맘… 어떨 거 같애.
동식	뺏기기는 그런 게 어디 있어요.
순주	느이 장인장모 외국 나들이 아닐 때는 그 노인네들 아침저녁 보구 사는데 우리는

동식   (O.L) 그거야 처가에 사니 어쩔 수 없는 일이죠오.

순주   (약간 또 불쾌해지며) 주말여행, 휴가 너 우리하구 보낸 적 있어?

동식   어머니 아버지는 주말도 휴가도 없는데… (그럼 어떡해요)

순주   (O.L) 오냐 그런 거두 없이 일해서 늬들 키웠어… 변호사까지 만들어놓고는 며느리집에서 날름 집어가 우리는 우리는 뭐야… 개밥에 도토리지.

동식   … (보며)

순주   한 달에 백만 원. 그래 엄청 고마워… 고마운 일이지 안 고맙다는 거 아냐.

동식   …

순주   일 원도 안 쓰고 차곡차곡 모아두고 있어. 늬 아버지랑 나 병들어 일 못하면 병원비 할라구. 끄응. (일어나 나가는)

동식   ……

S# 11 거실 주방

순주   (나와서) 애 비싼 옷 버리지 말구 이거 갈어입어. 희경이 들어오면 찾아주라 그럴게.

혜리   괜찮아요 어머니… 이 옷 안 불편해요. (아무 일 없었다)

순주   아 너 어느 핸가 실크브라우스 눌궈서 버렸잖어… 여러 말 말고 갈아입어…

혜리   네에… (불만이지만 옷 들고 안방으로)

동식   (안방에서 나오며 보고)

혜리	(옷 들어 보이며 입으로 풀풀풀)
	동식 아버지 옆에 앉으려는데 현관벨.
경애·순주	??
경애	네에에…
동식	내가 하께요… (현관으로) 네, 누구세요…
영훈	(E) 아 형님, 저 주서방입니다아… (동수 ??) 집사람 와 있죠?
용만	??
경애	??
순주	?? (주방에서 나서고)
동식	(문 열어주고)
영훈	(들어오는데 / 양손에 명절선물 보따리 / 꾸벅) 안녕하세요, 오 랜만에 봬요 형님. (넉살 좋게 들어서며 꾸벅꾸벅) 별고 없으 시죠 아버님… 저 왔어요 어머님… 안녕하세요? (하다가 보면 기색들이 다르다) … 이 사람 … 승우 에미… 안 왔 / 안 왔나 요?
모두	… (그냥 보기만)
영훈	여기 온 줄 알았는데… (우물쭈물… 선물 상자 적당히 놓으며) 별건 아니구요 장모님…
순주	(O.L) 필요 없어.
용만	(E) (O.L / 동시에) 너 이리 와.
영훈	(돌아보고) 네…
용만	이리 와…

영훈	예… (용만 쪽으로 움직이면서 모두에게 변명하듯) 그 그 사람이 뭐라 그랬는지 몰라도 별일 아닌 걸로 / 된통 크게 싸웠거든요… 결혼하고 처음 그렇게 크게 싸웠는데…
용만	(주먹으로 호되게 얼굴 갈겨버린다)
영훈	윽 (한쪽 눈 두 손으로 감싸고)
모두	??
용만	(두 주먹 움켜쥐고 전신을 부들부들) 니가… 니눔이 내 새끼!! 이날까지 조용 부려먹듯 부려먹구우!! 쌀 곳간에 쥐새끼 취급에 뭐 기이집질까지이이?!!! (가슴이 찢어져)
동식	(아버지 한 팔 잡는) 진정하세요.
용만	(O.L) 세에상에 그 착한 걸 그 용해빠진 걸 데려다 그런 천덕꾸러기 만들어?
동식	아버지.
용만	(눈 싸쥐고 있는 영훈 멱살 한꺼번에 잡아 발코니 쪽으로 끌면서) 이눔 이 나쁜눔 천하에 불상눔 이눔.
동식	아버지 아버지.
용만	(아들 발로 차면서) 비켜 비켜어어!! 이눔 자식 죽이구 나 죽으면 그만야… 나 비록 아무것도 아아무것도 아닌 못생긴 애비지마안!! 나 이눔하구 같이 죽는다. 그래 죽어 죽자구우우!!
순주	아이구 여보 (부르르르) 이이가 미쳤군 미쳤어… 미쳤어어어!!! (머리로 남편 가슴 밀듯 달라붙고)
동식	(아버지 꽉 잡으며) 아버지 아버지.

경애	(다리 한 짝 붙잡고 주저앉으며) 아버님 아버니이임…
혜리	(안방에서 순주의 작업복 몸뻬 바지에 조화 안 되는 티셔츠 입고 튀어나오고) ????
용만	놔 놔아아!! 이거 놔아아!!
동식	법으로 해요 법이 있어요.
용만	법이 내 분풀이 대신 해줘?!!!
혜리	(나서며) 하지 마세요 아버니임… 폭행으로 고소하면 걸려요 오오.
영훈	아니 이게 무슨 왜 때려요 왜 때립니까… 덮어놓고 왜 때리냐구요!
용만	(E) 고소해 이눔아 고소해애애!!!
동식	(O.L / 버럭) 아버지 이러시는 거 희숙이한테 도움 안 돼요!!! 너 나가… 나하구 얘기해… 나가…
영훈	퉤 / (아무렇게나 침 뱉어내며) 좋아요 이혼 간단해요 까짓 거. 나두요 정신병자 데리고 사느라 죽을 맛이었어요. (순주 우르르 프라이팬으로 / 프라이팬 집어들고 영훈에게 / 바닥에 떨어지는 동그랑땡)
경애	???
영훈	(연결) 자식새끼 때문에 이 악물고 참았지 아니었으면 벌써 예옛날에 (순주 한쪽 겨드랑이 냅다 갈겨버리고) ???
순주	(거의 눈이 뒤집힐 지경) 나가 이눔아… 나가… 작은놈 들어오기 전에 나가 이눔아. 그눔 들어오면 너 성한 다리루 못 나가.

나가 빨리 나가아아아!!!

경애 (발 구르며) 빨리 가세요오오. 우리 그이 들어오면 진짜 큰일 벌어져요오오.

영훈 (그건 그렇다 / 그래도 넥타이 만지며) 나 참 어이가 없어서… 퉤.

혜리 어디다 자꾸 침을 뱉어요오오 길에서 침 뱉어도 경범죈데!

영훈 피 뱉는 거예요 에?

동식 명절 지나고 정리하자. 가라 응? …

영훈 오억은 커녕 오백만 원도 못 줍니다. 오십만 원은 줄 수 있어요.

순주 야 이눔아아아!! (다시 덤벼들며)

경애 어머니 어머니…

순주 저눔이 승우 애비 맞냐? (경애에게 잡혀서) 저눔 승우 애비가 맞어?

경애 맞어요오. (저도 믿을 수가 없어요오오)

영훈 (이거 / 맞은 거) 고소할 건지 넘어갈 건지 생각해보고 결정할 겁니다.

순주 해 이눔아 해애!!

영훈 (현관으로 움직이며) 우리 엄마가 이거 보구 가만있을 사람이 아니에요. 각오하는 게 좋을 거예요.

경애 아 빨리 나가요오오!!

영훈 (신 신으며) 오억 좋아하네… 미친 거… 퉤 / (침 뱉고 나가는)

모두 아무 말도 없이 있다가.

순주　(울음 터뜨리며) 세에상에 저눔이 어떻게 우리 사위야 여보오. 어떻게 이렇게 감쪽같이 속아아아… 당신하구 나하구… 한강 나가 빠져 죽자아아… 저런 놈을 사위라구… 사위자식두 내 자식이라구 아이구 무서워라아아. 아이구 아이구 인간 무섭다아 아아아… 아이구 우리 새끼 저런 눔하구 어떻게 살았을까아 아… 아이구 어머니 어머니이이… (주저앉으며)

경애　(옆에 쭈그리고 앉으며) 어머니이이… (울먹)

혜리　(휴지 뭉치로 영훈이 뱉은 침 찾아가며 닦는) …

용만　…… (아내 내려다보고 있다가 천천히 움직여 테라스 쪽 창 열고 나간다)

S# 12 테라스

용만　(나와서 거실창은 닫아 주고 발코니 막아놓은 창문 한쪽 여는) …… (잠시 있다가 입 모아 한꺼번에 내뿜는 한숨) 후우우우우 우우우우…… (머엉하게) ……

S# 13 거실 주방

동식과 혜리 탁자 치우고 있고.

경애　(하던 일 하며 순주 훌끔거리고)

순주　… (하던 일 하면서 울컥쿨컥 / 올라오는 / 부엌 행주로 눈물 훔치면서) …

S# 14 테라스

용만　　(굵은 눈물줄기가 지이이이 흐르고 있는) ……

동식　　(뒤에서 거실창 열고 보는) ……

용만　　…

동식　　… 아버지…

용만　　어…

동식　　… 들어오세요… 감기 들어요…

용만　　어어……

동식　　…… 네?

용만　　알았어… 들어가… (창 닫으려)

동식　　(돌아서는)

용만　　(두 손으로 얼굴 한꺼번에 닦는데 큭 울음이 치받는다 / 얼른 닫던 창 더 열면서 크으으윽… 큭큭) ……

S# 15 거실

동식　　(탁자 가까이에 서서 아버지 기다리는) …… (발코니 쪽 보면서)

순주　　(껍질 까 물에 담가놓은 밤 그릇 들고 나와 탁자에 놓고 돌아서는데)

동식　　아버지…

순주　　(돌아보는)

동식　　날씨 춰요… (발코니 보며)

순주　　놔둬… 안 죽어… (주방으로 몇 걸음 옮기다 멈춰서) …… (잠시 생각하고 발코니로 / 거실창은 동식이 열어놨고) … (등 보이고 있는 남편 잠시 보다가) 아 춰어… 들어와요.

용만   (뒤로 들어가라는 손짓) ……

순주   …… (보다가 발코니로 나가 거실창 닫고 남편 옆으로 가 서며 한 팔 잡는데)

용만   (아내에게 안 보이려 얼굴 돌리고 발코니 창문 닫고 등 보인 채 얼굴 수습하는) ……

순주   … (보며) ……

용만   들어가 들어가자구…

S# 16 거실

순주 먼저 들어오고 용만 들어와 곧장 욕실로.

동식·순주 (보고)

S# 17 욕실

용만   (세면기 마개 막아놓고 물 틀고 곧장 푸푸 세수) ……

S# 18 거실 주방

물소리 듣고 순주, 동식 움직이는데.

들어오는 동수와 자매.

동수   (경애, 남편에게 녹차 갖다 놓아주는데) 어 형수 안 가셨어요?

혜리   (돌아보며 그냥 웃고 주방으로)

동수	(주방 보며) 우리 엄마 장하시네… 허허… 그런데 그냥 가게 두지 엎드려 절받기 아니에요? (아무도 대답 안 하고)

한편 희경은 희숙 코트 벗겨 들고 제 방으로 가다가 혜리 옷 보고.

희경	언니 그거 뭐예요?(동수, 희숙도 보고)
혜리	어머님이…
순주	(O.L) 니 옷 잘못 건드렸다 욕먹을 거 같아서… 한 벌 찾아줘.
희경	추리닝이지 뭐. 크크 언니 재밌네… 들어오세요. (제 방으로)
혜리	편하기는 한데 웃기죠. (따라 들어가고)
동수	아버지는 / (탁자로)
동식	씻으셔.
동수	(아아 앉으며) 육회요 엄마. 건드리다 말았는데…
경애	또 마실라구?
동수	언제 / 먹었냐?
희숙	(냉장고 야채박스 들었던 귤봉지에서 귤 꺼내 담는 중)
동수	빨리빨리 내와… 빨리…
경애	어으으으…

S# 19 희경의 방

희경	??? 아버지가요?
혜리	(옷 받아 들고 서서 보는 / 고자질 중) 네에 말리는 사람 없었으면 정말 큰 사고 날 뻔했어요… 아버님 주먹이 얼마나 센지 금방 오 분도 안 돼서 부풀어오르더라구요.

희경   (후닥탁 나가는)

S# 20 거실

희경   (나오면서) 형부, 아니 승우아빠 왔었다면서요? (동식에게)

동식   …

희숙   ?? (귤 갖다놓고 앉았다가 동식 보고)

동수   뭐?

희경   더럽게 나오더라면서요? 아버지가 두둘겨패췄다면서?

동식   한 대 치셨어.

동수   아버지가? 우리 아버지가?

희경   (O.L) 어떻게 뭐라 그래?

동식   별일 아닌 거처럼 지나가는 부부싸움 정도로 시작하는데 아버지가 불러 세우시더니 댓바람에 갈기셨어.

동수   더럽게 나와서 패셨다면서.

동식   맞고 나서. 너 의부증 환자라 그러더라.

희숙   정신병원 집어넣는다 소리 수십 번 들었어.

동식   오십만 원 준대…

동수   이런 개애애… 그 자식 하늘이 도왔네. 내 손에 걸렸으면 반 죽였다 내가.

경애   (육회와 술상 다시 봐 갖고 오면서) 당신 들어올까봐 얼마나 조마조마했는데에에에…

희경   (O.L) 오십만 원 준대요?

동식	바닥 내놓더라…

경애   완전 딴사람이더라구요오오. 정말 놀랬어요… 인간 무섭다 그러시면서 어머니 대성통곡하시구.

동식   길고 지루한 싸움 각오해야 할 거 같다… 원래도 그리 격이 있다고는 생각 안 했지만…

희숙   (O.L) 격 같은 거 없어… 양아치야.

동수   그런 인간하고 어떻게 지금까지 살았어.

희숙   나도 반양아치 돼서…

용만   (욕실에서 나오는)

아들들 일어나고.

동수   아버지 인격이 변하셨어요? 하하

용만   (O.L) 너 승우는 어떡하고 온 거야…

희숙   승우…

순주   호주 어학연수 갔다 그랬는데 저인…

용만   어어…

순주   밤 쳐요…

용만   (앉는)

동수   (아버지 잔에 따르며) 저 부르지 그러셨어요.

용만   (대꾸 없이 밤 그릇 당기고 칼 들고 / 연습 좀 하세요)

동수   헛손질하신 거 아니에요? 제대로 맞긴 했어요?

경애   (주방에서) 그러엄 나갈 때 보니까 한쪽 눈께 맞은 데가 붰던데? 권투선수처럼?

동수	정마알? 하하하하 하하하하 (웃다가 동식과 눈 마주치고) 뭐요… 아 웃음 나잖아요. 우리 아버지 주먹질도 우습고 아버지한테 맞어 뵀더라는 것도 재미있고.
동식	(못마땅하지만 그만두고) 손질은 안 했어? (희숙에게)
희숙	그 버릇은 없어.
동수	드세요 아버지.
용만	(밤 치기 시작했다) 생각 없어.
희경	내가 먹으께… (홀짝 마시는데)
동수	야 부엌에 좀 가봐아… 니 올케 물일 하면 안 돼애.
희경	???
동수	다친 사람이야 뭐 왜.
희경	바보처럼 굴지 좀 마.
동수	형수님 뭐 하느라 안 나와?

S# 21 희경의 방

혜리	(트레이닝복 갈아입고 앉아서 전화 중 / 소리 반으로 줄여) 차례 지내자마자 출발할게… 여기 어머니 설겆이 나한테 안 시켜 걱정 마… 못하니까 안 시키지 흐흐… 해봤어야 잘하지… 엄마가 그렇게 키웠잖어… 엇 참 엄마… 애들 우유 먹였어?… 이도 닦고?… 피곤해 죽겠는데 먼저 잔다 그럴 수도 없고 이 집 식구들 언제 잘지 몰라. 오면서 잠깐 졸긴 했어… 그래도 피곤해… 응… 응…

S# 22 거실 주방

순주 · 경애, 각각 일하고 있고 / 희경, 프라이팬에 녹두 빈대떡 부치고 있고.

용만 (밤 치고 있는)

동수 (술 마시면서 육회 먹으며 있다가 일어나며 티비 켜놓고 서서 보며 스트레칭 시작)

동식 (술잔 비우고 탁자 아래 있던 월간 교양지 / 월간 신동아나 월간 조선 / 꺼내 넘기기 시작 / 한 대목에서 멈추고 읽으려다 둘러보며) 불이 너무 침침해요 아버지…

동수 전기요금 좀 내놓고 가죠. / 환하게 해줄 테니까… 우린 늘 이렇게 살아요. 환한 데 가면 눈 아프다니까… (불 더 켜주고) 아아 눈 아퍼.

동식 (무시하고 그냥 책 보는) …

동수 (스트레칭 계속하면서) 법으로 언제 끝내애… 질질질 끌려가면서 사람 진 다 빠지고 해결날 때까지 뭐 보고 뒤 안 닦은 서 모양 그럴 텐데…

아무도 내답 안 하고.

동수 내가 해결하께 누나.

희숙 (주방에서 / 못 들은 척) …

순주 무슨 쓸데없는 소릴 하구 싶어서 또오…

동수 아 시이… 나 알잖아요… 애들 몇 놈 데리고 가서 앉혀놓고 조용히 해결 보라고 점잖게 타이르면 돼요.

동식 야.

동수 큰 소리 낼 거도 없어.

동식 까불지 말고 넌 빠져. 저쪽에 빌미 줄 일은 안 돼.

동수 아니이 그냥 점잖게 조용히 조요오옹히 간이 벌렁벌렁하게 만들어주면 돼요. 그거 간단해요. 성질 급한데 소송 그거 언제 정리되냐구.

동식 일 만들지 마라 어? 그러다 사고쳐 들어가면 그 뒷수습 누가 해야 하는데. 너 작년 초에 나 경찰서 들락거리게 한 거 벌써 잊어버렸어?

동수 아 무혐의로 바로 나왔잖어… 남 시비 가려주다 뒤집어쓴 건데 그걸 사고친 걸로 매도하면 안 되지이이.

동식 어쨌든 / 어쨌든 가만있어. 내가 알아서 해… 정상적인 방법으로 풀면 돼. 법이 그래서 있는 거야…

동수 위자료 안 줄라고 미리미리 재산 명의 바꿔놓고 나 한 푼도 없다아아 그러기도 한답니다.

동식 내가 바지저고리야 인마?

동수 ?? 아, 왜 핏대는 세워. 나 변호사씩은 못 되지만 나도 내 식으로 보다 간단한 해결방법 내놓을 수 있는 거 아뇨. 어이 시, 변호사 아니면 형제 일에 발언권 없어?

동식 또 시작이다 이 자식.

동수 왜 욕이야아.

동식 너 하는 소리가 그게 말이 된다고 생각하는 거야?

동수 아 시이 말 안 되거든 그래 / 형 수준에서 영 못 들어주겠다 그렇거든 그냥 허허 웃으면서 편안하게 / 야야 그건 아냐 나한테 맡겨 동생아. 그럼 안 되는 거야? 댓바람에 까불지 말고 넌 빠져 / 식칼로 무 내려치듯 / 거기다 작년 사건까지 들이대면서 어으 말하다보니까 열나네.

동식 그만해.

동수 형 맨날 그러잖아 맨날. (오른다)

희숙 동수야.

동수 아 형이 나한테 어떡하는지 모두 알잖아. 염병할 내가 아무리 별볼일 없어도 그래도 형하고 한 어머니 아버지로 세상에 나온 형제요 형제 엉? 적어도 우리 다 모였을 때는 그거 하나로 모두 다 평등하다구. 형은 손꼽는 (손가락 꼽으며) 로펌 왕초 사위고 나는 미장공 사위지만 / 이 집에선 / 여기서는 형 혼자 특별할 거 없다구. 왜 이래 정말.

동식 왜 그렇게 꼬였어 이 자식아.

동수 꼬이게 하는 건 형이야… 우리 무시하잖아. 아버지 엄마 누나 희경이 나 몽땅 다 무시하잖아.

희경 왜 이래 또오.

동수 또라니 이 기집애야. 너 다 봤잖아.

희경 원래 그게 큰오빠 스타일야. 이제 그 시비 좀 그만 걸어.

동수 나도 사십이 낼모레야. 왜 내가 입만 열면 재갈 물리냐 말야.

동식 불필요한 말 하지 말구 필요한 말을 해 그러니까!!

동수	나 형만큼 못 배워 필요한 말 불필요한 말 분간 안 가 그래요. 됐어요?
동식	(일어나며) 내가 언제 무시했어… 언제 어떻게 무시했어!!
희숙	왜 이래 오빠. (오빠까지)
동식	내가 뭘 그렇게 잘못한 게 많아 나만 보면 생트집이냐 말야. 내가 언제 누굴 무시해애!!
동수	우리 다. 우리 몽땅 다아…
동식	이 자식이. 그런데 너 이 자식 너 때문에 집에 오기가 싫어 알아? 나만 보면 이기죽거리구 깐족거리구 시비 걸구 인마, 변호사 니 덕에 됐어?
동수	내 덕도 있지 그럼. 형 고시 삼 년째 미끄러지고 할아버지 약값에 형 고시원 생활비에 내가 왜 대학 때려쳤는데!!
동식	말 똑바로 해!! 너 공부 싫어 때려친 놈이야. 할라구 들었으면 알바해가며 휴학해가며 얼마든지 가능했어.
동수	나 알바 안 했어?
동식	걸핏하면 때려쳤잖아.
동수	형은 알바가 뭔지도 모르는데 왜 난 알바야.
순주	(프라이팬 싱크로 탕 내려놓으며) 차례 그만두자. 그만둬. 이렇게 쌈질들 하구 올리는 차례 조상님들 기분좋게 드시겠다. 그만둬. 다 그만두자구.
희경	다했어, 엄마.
순주	(거실로 나서며) 아아니 왜 눈만 마주치면 울그락푸르락이야

아. 무슨 웬수들두 아니구 형제끼리이이… 내가 정말 속상해 못살겠다. 하나 못살겠다구 와 있는데 / 보태줄 게 없어 형제 쌈질야? 아버지 앉혀놓고 이게 무슨 짓들야… 언제 철들 날 거 야 이 망종들아!!!!

엄마 서슬에 모두 잠시 침묵.

동수 알았어요 잘못했어요… (탁자로) 그만둡시다… 미안해요…

동식 (앉으며)(고개 조금 희숙에게 / 보지는 않고) 미안하다.

희숙 내가 미안하지 뭐… 미안해… 미안해요 아버지… (울컥 울음 터지며) / 결혼할 때는 설마 우리 집에 얼마쯤은 도움이 되겠지 / 그래 준다구 약속도 했었구 그래서 갔는데… 도움은커녕 억울한 소리에 멸시만 받구 흐으윽… (두 팔꿈 탁자에) 흑흑 흑흑흑…

용만 (찢어지는 가슴으로 딸 보며) …

희숙 응응응응…

동수 됐어요. 울지 마 누나. 됐어. 미안해. 그만둬.

희숙 엉엉엉엉… (울며 일어나 희경의 방으로)

희경 (일하던 것 놓고 따라 들어가는)

동수 (소주병 나꿔 들고 제 방으로)

경애 그만 마셔어어…

동수 (버럭) 얼마나 먹었다구 그래애!!

S# 23 희경의 방

희숙 (울며 들어와 걸터앉는)

혜리 (희경 침대에 잠들어 있는)

희경 (들어와 보는)

희숙 (소리 내어 우는)

희경 (울지 마) 언니가 웃어도 속상할 판에… (뭐 울기까지 해)

혜리 (부스스 일어나며) 어머, 나 잠들었나봐…

희경 (그냥 언니 보면서) …

희숙 휴지 좀… (애써 진정하면서)

희경 (휴지 뽑아주고)

희숙 (눈물 닦는데)

혜리 괜찮아요. 재혼 잘하면 돼요…

희경 ?? (올케 보고)

혜리 새 출발 얼마든지 가능해요. (해요에 물려 입 막고 하품하는)

희숙 …… (휴지 구겨 쥐고)

희경 필요한 거 없어? (역시 올케 묵살하고 나가는)

희숙 냉수…

희경 (나가고)

혜리 (도로 엎어지고) …

희숙 (돌아보는) ……

S# 24 거실

희경 (나와서 주방으로 움직이는데)

현관벨.

동식 ?? (현관으로 고개)

용만 (밤 치고 있고)

순주 (탕국 솥에 불 줄이고 있고 / 가스불 들여다보면서)

희경 내가 나가요… (현관으로) 네에.

경찰 (E) 실례합니다… 최용만씨 댁 맞습니까?

희경 네.

경찰 (E) 최용만씨 계십니까?

희경 계신데 누구세요?

경찰 (E) 지구대서 나왔습니다… (희경, 남자들 쪽 돌아보고)

동식 ??

용만 ?? (고개 현관으로)

경찰 (E) (두 남자 위에) 문 좀 열어주십시오. (동식 일어나 움직이는)

순주 누구야?

용만 (엉거주춤 일어나는)

동식 무슨 일이십니까…

경찰 (E) 문을 여십시오. 잠시 들어가겠습니다…

동식 (뒤의 아버지 잠깐 돌아보고 문 연다)

경찰 잠시 실례합니다. (마루로 올라서서 경례부터 부치고) **지구대 소속 ***입니다. 주영훈씨가 최용만씨를 폭행으로 고발하서서 확인조사차 나왔습니다. (희경 빠르게 제 방으로 / 순주 ??

해서 나서고)

경찰 (E) 최용만씨가 어느 분이십니까?

용만 나요, 나예요.

순주 저저저저런 나쁜 놈…

동수 부부 ??? (해서 나오는)

동수 뭐예요…

동식 가만있어.

동수 고발했다는 거예요?

희경, 희숙 나오는.

경찰 (E) 맞습니다.

동수 이 똥만도 못한 인간 /

동식 가만있으라구! (버럭)

동수 (형 보고)

동식 일 키우지 말고 저리 가 있어. (경애 남편 밀어서 떨어지게 하

고, 동수 별수 없이 밀리는)

경찰 (돌아보고 현관문 열고 문 밖으로) 주영훈씨 들어오세요…

영훈 (E) 아 나 또 맞을까봐 겁나 못 들어가요. (오기창창)

경찰 (약간 강압 냄새 / 장인을 고발하는 놈) 들어오세요… 들어오

셔야 합니다…

영훈 … (들어온다 / 맞은 쪽 눈이 거의 붙어 있는 / 멍은 다음 날 드

는 거랍니다) …

경찰	올라오세요…
영훈	(흘낏 부자 보고 / 염병할 그래 / 마루로 오른다)
경찰	얼굴 저쪽으로 돌리세요… (부자 쪽으로)
영훈	(돌리고)
부자	… (보고)
희경	?? (그 정도인 줄은 몰랐다)
동수	하하 하하하하 아버지 솜씨 맞어요? 하하하하…
동식	?? (동수 째려보고)
동수	그래서 노인네 고발했다구? 뭐야? 고발을 해?!! (경애 들러붙고)
순주	(경애와 함께 아들 가슴 밀어대는 / 사고 치지 마)
동수	(밀리면서도) 이게 어디서 운틴 건 줄도 모르고 까불구 자빠졌어어!!
동식	동수야!!
경찰	(동시에) 가만계십쇼!! 업무 중입니다. 협조하세요.
영훈	원래 깡패예요 조폭.
동수	?? 뭐? … 뭐야 이 새끼야?!! (여자들 털어내며 우르르)
경찰	(동수 막아서며) 사건 키우지 마십쇼…
동수	… (보며)
경애	(남편 가슴 두 손바닥으로 밀어 떨어트리며) 아이구우우 차아아암…
동수	(팔 털어 뿌리치며 탁자 쪽으로)
경찰	최용만 선생이 주영훈씨에게 폭행한 거 맞습니까?

용만	예.
경애	(부르르 나서려 하며) 한 대예요 한 대애애… (동수가 아내 팔 잡아들이고)
경찰	주영훈씨는 최용만씨를 처벌하기 원하십니까?
영훈	예에에. (그렇다니까요)
경찰	장인과 사위라는
영훈	(O.L) 처벌을 원한다구요 에? (뭐 말이 많아) 이제 장인 사위 그런 거 아니란 말입니다. 끝났단 말입니다.
경찰	최선생님 파출소로 동행하셔야겠습니다. 옷 입으십쇼.
용만	그러죠…
순주	아이구우우 (남편 따르며) 이게 무슨 일야 이게에에 /
동수	별일 아니에요 엄마. 형 있잖아요.
순주	(돌아보며) 저런 호로자식 같으니라구. 야 이눔아아아 (와르르 달려들려)
동식	(엄마 잡으며) 제가 같이 가요… 걱정 마세요 어머니.
희숙	(나서며 O.L) 너 이 자식 제대로 한번 망해볼래?
영훈	뭐?
희숙	당장 취하 안 해? 세무조사 한번 당해볼래?
영훈	??? 무슨 개소리야 이게.
희숙	그냥 빈손으로 나올 줄 알았어? 나 무지렁이 등신 취급했지? 지난 오 년 동안 당신 가게 허위신고 탈세자료 나 다 갖구 있어!!

영훈	???

동수 내외 ??

희경	??
동식	??
희숙	당장 취하해…
영훈	거짓말이지… 거짓말이지…
희숙	취하해… 취하하구 일주일 안에 오억 만들어 와…
영훈	이런 순악질 날강도 같은 거 / 뒤통수를 쳐도 유분수지.
희숙	(O.L) 안 해??!! … 못해??
영훈	… (얼어서 머엉) …

S# 25 거실 / 시간 경과

용만 동수 (같이 탁자 들어 옮기는) ……

주방에서는 순주, 경애 부엌일 마무리 중.

동식	(안방에서 나와 수방으로) 날샬 두 개반 주세요…
순주	?? 뭐 할려구.
동식	배고프대 / 배고파요… 괜찮을 줄 알았는데…
순주	후라이 해줘?
동식	주세요… 제가 해요…
경애	(달걀 두 개 꺼내 놓아주고)
동식	프라이팬.
경애	(꺼내 놓아주며) 해드릴게요.

동식	간단한 건데요 뭐…
경애	(불 켜주고 기름병 놓아주고)
동식	(기름 조금 두르고 달궈질 때 기다리는)
순주	에미는 뭐 하구.
동식	(좀 웃으며) 얼굴 팩 붙였어요…
순주	*끄으응 끙끙…*
동수	(이부자리 펴놓고 아버지 겉옷 벗는 거 거들어주면서) ……
용만	…
동수	(아버지 벗은 옷 적당히 접어 한 옆에 치우면서 괜히) 후후후후 어떻게 그렇게 정통으로 갈겼어요? 아주 정통 맞은 거든데요?
용만	…
동수	우리 아버지 주먹 그렇게 쎈 거 정말 몰랐네… 혹시 아버지 젊은 날 이것 좀 쓰셨던 거 아니에요?
용만	커텐 닫어줘.
동수	예… (거실 커튼 닫아주고 도로 아버지 옆에 앉으며) 그런데 아버지… 또 주먹 날리실 일이야 없겠지만 어떤 상황이든 무조건 참으세요…
순주	(O.L) 별 쓸데없는 소리… 아까는 늬 아버지 돌았었어… 평생 한 번 돈 거야…
동수	글쎄 말예요, 엄마 저 그거 알거든요? 그런데 아까 그 인간 눈팅이 보고 순간적으로 휙 지나가는 생각이요 엄마… 와 우리

아버지 밖에서 사고치구 경찰서 들어가 계시는 일 생기면 그건

거북한데에 그랬어요. 하하.

순주   그눔 자식 왜 나는 고발 안 한 거야… 나두 고발하지.

동수   엄마 왜요.

경애   프라이팬으로 한 방 갈기셨었어.

동수   에? … 어디를.

경애   등허리.

순주   아냐, 옆구리야…

동수   아하하하 하하하하 하하하하.

S# 26 거실 / 시간 경과

등 돌리고 누워 있는 용만 부부.

순주   (눈 뜨고) ……

용만   (눈 뜨고) ……

S# 27 안방

혜리   (동식 팔 베고 폭 싸여서 자고 있고 / 동식도 자는 중)

S# 28 동수의 방

동수   (아내에게 지분거리고)

경애   (거절하는 중)

S# 29 희경의 방

희경 침대, 희숙 바닥.

불은 꺼졌고… 사이 두었다가.

희경 (언니 쪽으로 돌아누우며) 자?

희숙 … 왜…

희경 어떻게 그거 모아둘 그런 생각을 다 했어… 언니 같은 사람
이… 미영 언니가 충고해줬나? 그 언니는 내막 알지?

희숙 대충은…

희경 역시 내 짐작이 맞았구나… 코치받았어…

희숙 그런 거 없어…

희경 ?? (상반신 일으킨다)

희숙 … 어쨌든 애아빤데… 그런 칼 갈면서… 그건 좀 그랬어… 내
가 너무 징그러운 사람 같구…

희경 그럼 아까 그 소리는.

희숙 (희경 쪽으로 돌아누우며) 나도 모르게 튀어나왔어… 아버지
경찰서 끌려가시게 할 수는 없잖어… 머리에서 번개쳤어 / 나
도 모르게 그래지더라…

희경 파랗게 질리던데 언니 봤어?

희숙 봤어. 나 참 멍청해. 진작 그럴걸…

희경 계속 갖고 있는 걸로 밀고 나가… 소송까지 갈 필요 없겠어…

희숙 승우를 어떻게 해… 승우 안 내놀라구 할 거야…

희경 ……

희숙	…
희경	(누우며) 승우 포함 오억이라 그래. 칼자루 언니가 쥐었어… 협박 왜 하는지 알겠다…
희숙	……

S# 30 거실

누워 있다가 일어나 앉아.

용만	(가슴 손바닥으로 누르고)……
순주	?? (일어나며)
용만	… (가슴 옥죄는 고통) ……
순주	(앞으로 옮겨 손바닥으로 가슴 마사지 해주면서) …… 병원에 가자니까아아…
용만	……
순주	말 참 안 들어어어어…
용만	……
순주	(마사지하며) ……

S# 1 거실

불 켜져 있고.

순주　(물대접 들고 주방에서 나와 남편에게) …

용만　(물 마시는… 두 차례 마시고 대접 내리는)

순주　(받아 들고 보는) ……

용만　…… (안 보는 채)

순주　얼마 만인데…

용만　?? (보는)

순주　언제 그러구 하는 거냐구.

용만	좀 됐어…
순주	(대접 치워놓으면서) 내 말이 맞어… 그러다 갑자기 죽을 거야…
용만	죽기는…
순주	심장이라 그런다니까… 평창동 사모님 접때도 병원 갔다 왔나구 챙기던데…
용만	…
순주	무심하다 야단 먹었어… 과부돼도 상관없나보라구.
용만	어쩌다 한 번씩 그러는 건데 뭘…
순주	고장났다 빨리 손 써라 신호 보내주는 거야…
용만	오래 써먹었어.
순주	그러니까 수리 들어가자구. 고쳐서 좀 더 써먹어야 하는 거 아니냐 말야.
용만	큰 탈 난 거면 어떡해… (안 보는 채)
순주	… (보며)
용만	돈 많이 잡아먹는 거면…
순주	그거 무서워 죽는다구.
용만	죽긴 누가 죽어…
순주	그러다 죽는 거야… 왜 그렇게 미련해… 큰애가 있는데 설마 지 아버지 그 감당두 안 해줄까…
용만	…
순주	애들한테 얘기할래.

용만	(O.L) 하지 마…
순주	(보며) ……
용만	하지 마… 괜한 신경 쓰게 뭐 하러.
순주	왜 괜한 신경이야. 자식 됐다 뭐 해. 당연히 알아야지.
용만	아냐… 괜찮어…… (누우려 이불 들추는)
순주	…… (보며)
용만	(누우려다 말고) ……
순주	…… (보며)
용만	알았어. 적금 붓는 거 끝나면 병원 가… 다 됐어.
순주	그 안에 무슨 일 생기면… 세 번 더 넣어야 하는데.
용만	병원 갔다 큰 탈 난 거면 어떡해… 천만 원 이천만 원 들면 어떡해.
순주	적금 깨면 돼.
용만	수술 받다가 못 깨나구 죽으면… 그런 사람들두 있다는데…
순주	… (입 벌리고 보는)
용만	겁나… 아직은 안 죽구 싶어… 불 꺼…
순주	어이구 어이구우우우우 (불 끄려 / 대접 들고 주방으로) 술 먼저 끊어야 해.
희숙	(나오는) … 아직 안 주무셔요?
순주	왜…
희숙	그냥… 녹차 마시자 그래서요.
순주	잘 자리에… 그거두 잠 안 오던데…

희숙	휴일인데 뭐…
희경	(나온다)
순주·희숙	(돌아보고)
희경	비스킷 남은 거 있어 언니…
희숙	어디…
희경	내가 찾을게.
용만	나는 감기약 한 봉 데워줘…
순주	?? 알았어…
희숙	어딨어요.
순주	(움직이려는데)
희경	내가 꺼내… (비스킷 꺼내던 중 / 냉장고 야채박스에서 한약 팩 꺼내고)
순주	(싱크대 아래서 알루미늄 냄비 꺼내 물 받는다 / 한약 중탕할 참) ……
희경	(엄마가 냄비에 물 채워 나가면서 찻물 끓일 주전자 들이대는데) …
용만	(이부자리 좀 밀어 치우면서 자리 만드는) ……

S# 2 같은 거실

오래된 소반에 자매는 녹차와 비스킷.

용만	(한약 컵 비우고 내려놓고)
순주	(물 집어주고)

용만	(조금 입 가실 정도 마시고)
희경	(비스킷 내민다)
용만	아냐…
희경	(그 비스킷 엄마에게)
엄마	(받아 먹는) …
용만	… (차 식히며 마시는 희숙 보며) ……
희숙	…
용만	왜 그렇게 오래 참았어… 우리가 밥은 먹여줄 수 있는데… (안 보는 채)
희숙	(용만 보고)
희경	미련해서지 뭐…
희숙	승우 때문에…
희경	핑계라니까… 모자라서라니까.
용만	내가 무식하구 머리 나빠서… 사람 볼 줄 몰라서… 진실한 놈인 줄 알았어. 그렇게 나쁜 놈인지 몰랐어…
희숙	사오 년은 괜찮았었어요… 승우 할머니하고 싸워주기도 하고… 그러더니 조금씩 변하더라구요 아버지…
순주	한눈팔면서…
희숙	(끄덕이는)
용만	엄마 원망 마… 엄마는 썩 내켜 안 했었어… 내가 고집했었어.
순주	그놈이 혼을 빼놨지… 신주보따리 위하듯… 위하구 살 줄 알았지. 그런 개차반한테 속는 걸 누가 알았어…

용만	(O.L) 좋아해주는 남편에 등 뜨시구 배부르게 살 수 있으면 더 바랄 게 있나 그랬어…
희숙	(쓰게 웃으며) 배 곯지는 않았어요… 춥게 살지도 않았구…
용만	내가 너무 힘들게… 늬 엄마하구 늬들 고생시켜서 그때는 지금보다 훨씬 더 힘들 때라 너래도 편하게 살라구 그랬었어…
희숙	알아요…
용만	(O.L) 내가 못나서 부족해서 실수한 거야.
희숙	아버지…
희경	(O.L) 뭐어 결국은 자기 선택였던 건데. 죽어도 싫은데 한 거야?
희숙	아냐.
희경	언니두 괜찮아했어… 마구마구 선물 공세 좋아라 했었어.
희숙	그랬어…
희경	막판에는 거만해지기까지 했었는데 뭐.
희숙	내가?
희경	언니 그랬었어.
희숙	기막혀. (그냥 좀 웃어버리고)
희경	엄마도 동네방네 자랑 심했고…
순주	오냐 그래. 돈에 포원이 져 / 있는 집에 보내는 게 자다가도 웃음이 났어…
용만	(O.L / 아내 돌아보며) 잠깐 문 좀 열지… 공기가 답답해…
희경	진짜 엄마 더워. (일어나려는 순주 / 제가 일어나며)

순주   (엉거주춤) 보일러 그만 끄지 여보.

용만   큰애들 추워…

순주   (앉으며) 덥다는데 무슨…

희경   (마루창 한 짝 열어놓고 서서) … 바깥 별로 안 춰지나봐…

순주   푹해진다구 했어…

희경   (가족들 자리로) … (앉는데)

희숙   (일어난다)

희경   들어가?

희숙   전화 오는 거 같아.

           그러고보니 방에서 전화 오는 소리.

희경   열두 시 넘었는데?

희숙   승우 할머닐 거야… (들어가며)

희경   받지 마. 꺼버려…

S# 3 희경의 방

희경   (들어와 전화 찾아내 보고 / 잠시 망설이다 받는다) 이 시간에
             무슨 용건인데… 난 할 얘기 없어.

S# 4 거실

           열려 있는 방문.

희경   (E) 들을 얘기도 없구… 당신이라는 사람하고 더 이상 말 섞고
             싶지가 않아… 아아무 말도 하고 싶지도 듣고 싶지도 않아…

S# 5 희경의 방

희숙　나 이렇게 만든 사람 누군데… 아니 필요없다니까…

S# 6 거실

희숙　(E) 심심하면 이혼하자던 사람 소원 들어주는데 고맙다 그러고 내 말대로 처리해. 아니면 소송 들어가면서 국세청 고발 같이 들어가. 누가 이기나 해보자구…

S# 7 희경의 방

희숙　당신 인간 아냐…… (듣다가 열받아) 나한테 어떡하구 살았는데 한 대 맞았다고 경찰 데리고 와? 우리 아버지 법 없어도 살 양반이야. 생전 고함 한 번 칠 줄 모르는 분이 얼마나 분하고 억울하셨으면!! 무슨 짓 할지 몰라. 나 건드리지 마.

S# 8 거실

희숙　(E) 맞어. 나 돌았어. 환장했어. 그러니까 건드리지 말라구. (끊고) 잠시 후.

희숙　(내다보며) 희경아 자자…

희경　어엉… (소반 들고 들어가다가 아버지 약 컵과 물컵 싱크대에 내놓고 제 방으로)
　　　　부부 자리 만지고 순주 불 끄고 제자리로.

용만　… (앉아서)

순주	누워요…
용만	누워…
순주	(이불 들고 다리 넣으며 구시렁거리는) 저 못되라구 그랬나…
용만	…
순주	희경이 말마따나 우리가 목줄 끌어다 팔아먹은 거두 아니구…
용만	공부 제대로 시켰으면… 우리가 살 만했으면 스물둘에 시집… 안 갔을 거 아냐.
순주	그것도 지 복이구 지 팔자야… 어떡해… 그거밖에 안 되는 부모한테 태어난 걸…
용만	……
순주	(끄응끙거리며 눕고)
용만	……
순주	아 청승 떨지 말고 자아아?
용만	……
순주	……
용만	……

S# 9 한밤중 아파트 전경에서 이튿날 10시쯤으로 밝아지고

S# 10 거실 주방

차례 지낸 병풍은 아직 안 치워진 채 / 향그릇 / 술잔 같은 것들도 한구석에 / 차례상으로 썼던 탁자에 가족들 아침 먹을 음식이 차려지는 중.

동식　(탁자 행주질하고)

동수　(주방에서 받은 음식 쟁반 들고 와 기다리는)

희경　(솥에 떡국 떡 집어넣는 옆에서 떡국 대접 챙겨내고 있고)

경애　(떡국에 넣을 달걀 지단 써는 중)

동수　(음식들 옮겨 탁자에 / 문득) 형수님 뭐 해요,

동식　애들하고 통화하나봐… (안방 잠깐 보면서)

동수　(혼잣말) 들어간 지가 언젠데…

동식　(흘낏 보고 말고)

희숙　(음식 쟁반 들고 나오며) 아버지. (아버지 왜 안 보여)

동수　아버지이이…

S# 11 욕실

용만　(쭈그리고 앉아 타일 닦고 있다) …… (구석구석 / 거친 철수세
　　　미로) … (물 끼얹어가면서)

동수　(문 열고) 아우 아버지 뭐 하세요…

용만　…

동수　나가세요 나가 제가 해요 나가세요 에?

용만　다 했어… (씻어내기 시작)

동수　… (보다가) 참 아버지도 정월 초하루 차례 모시고 제일 먼저
　　　하시는 일이 화장실 청소예요? 새해 테이프를 변소 청소로 끊
　　　어요?

용만   …

동수   저한테 하라 그러심 되잖아요.

용만   들어온 김에 하는 거야…

동수   드럽지도 않드만… 다 차렸어요…

용만   (금방) 나가아…

S# 12 거실

동수   (욕실에 떨어져 움직이며) 당신 화장실 청소 언제 했어?

경애   … (멍하니 보는)

동수   자주자주 좀 해애. 아버지 청소 강박증 있는 분이잖어…

경애   나도 놀고먹는 사람 아냐. (약간 부어서)

동수   뭐 말대답야… 아침 설거지 엄마가 하는데 얼굴 찍어 바르는
       시간 줄여 마트 출근 전에 하면 되잖아.

순주   정월 초하루부터 웬 잔소리야…

동수   아 아버지가

순주   (O.L) 심심하면 쓸고 닦는 사람인데 뭐 일난 거처럼 왜 그래…
       (꿍얼거리는) 갑자기 큰 효자 난 거 모양.

동수   에? 뭐라구요 엄마? 나 효자 아니에요?

순주   오냐, 효자 다 죽고 너 하나 남았다더라…

동수   어으 참 엄마… 사람 등신 만드는 데는 암튼…

순주   떡국 떠 (뜰 거야) … 아버지 그만 나오라 그래…

동수   예에…

동식	(안방문 열고) 아침 먹어야지…
혜리	(방에서 나오며) 열이 안 내린대… (소곤거리듯)
동식	됐어…
용만	(욕실에서 발에 물 닦으며 나와 식탁으로 움직이는) …

S# 13 거실 / 시간 경과

떡국 먹는 중.

잠시 사이.

순주	전만 한 접시 쌌다… (음식 집으며) 식당에서 잠깐 데워달라면 해주겠지.
혜리	안 가져가도 돼요 어머니.
순주	애들 동그랑땡 잘 먹어… 갖다 먹여.
혜리	기름 안 좋아서 될 수 있으면 안 먹여요.
	동수 흘낏 / 자매 못 들은 척 / 용만도 못 들은 척 / 경애는 빤히 동서 보고.
순주	(E) 좋아라 먹드만 유난도 떤다.
혜리	그러니까 애들이죠. 해로운 걸 더 좋아해요.
동식	(O.L) 내가 먹을게.
혜리	?? (남편 보고)
동식	너는 / … 희경이
희경	??
동식	사귀는 친구 있다면서…

희경	(엄마 돌아보고)
순주	… (모르는 척)
희경	애기하지 말라니까…
동수	우리 다 아는데 형만 바보 만들 순 없지.
희경	엄마가 하두 볶아서 그랬지 사귄다는 소린 안 했었어…
동수	몇 달 계속 만나는 거 사귀는 거 아냐?
경애	기회 놓치지 말고 꼭 잡아 결혼해요… 더 난 사람 없나 애매하게 그러다 노처녀 되지 말구요.
혜리	뭐 하는 사람인데요?
경애	회사원. 제철회사요. 광고하다 만났대요.
혜리	괜찮겠네요.
희경	(O.L) 그만뒀어요.
혜리	??
순주	뭐?
희경	응…
순주	왜…
희경	그냥…
순주	(E) (보는 용만 위에 / 물론 희숙만 빼고 모두 희경에게 시선) 그냥… 그냥 왜…
희경	성격차이. (웃으며)
동수	성격차이를 뭐 몇 달씩이나 걸려 아냐?
희경	언니는 십오 년 만에 파토내는데 뭐.

경애 　나도 결혼하고 난 뒤에야 당신 이상한 거 알았어… 그럴 수 있
　　　어요.

동수 　니가 까낸 거야 까인 거야?

희경 　아무래도 자신 없어서 그만두자 그랬어.

동수 　무슨 자신.

희숙 　뭘 꼬치꼬치… 그렇게 됐구나 그러고 말아.

동수 　좀 살어?

희경 　(보고)

동수 　형수님네 정도 돼?

희경 　다른 얘기로 넘어가…

동수 　그 자식 형편없구나. 여자가 뒷걸음친다구 그럼 그러자 그래?
　　　몇 달이나 만나놓고?

희숙 　팔 년 십 년 만나다 접기도 해. (뭘 그 정도로) 삼십 년 살고 갈
　　　라서기도 하고.

동수 　어디까지 갔는데…

희경 　(O.L) 그만해… (좀 예민해지며) 내가 알아서 해.

동수 　…… 얼마나 사는데…

희경 　(O.L) 우리 아버지 시청 공무원이었다 그랬었어.

용만 　(딸 보고)

모두 　(희숙만 알고 있는 사실. 시선 희경에게)

희경 　(E) 말 통하고 능력 있고 매너 좋구… 괜찮아서 어떻게 잘해볼
　　　려구. (그랬어) 우리 아버지… 그 소릴 어떻게 해. 지금도 퉥배

달 한다 소릴 어떻게 해. 그런데

희경   자기 집에서 환영은 안 하겠지만 그래도 결혼하고 싶다 그래서… (얘기했어 / 바꿔서) 사실은 공무원 아니었다 털어놨어. 끝까지 사기칠 순 없잖아. 언제 들통나도 날 텐데.

동수   직업에 귀천 없어!! 왜 거짓말을 해애. (좀 올라서)

희경   머리로는 나도 그래. 끊임없이 세뇌시켜. 우리끼리는 우리 아버지 안 부끄러워. 그런데 솔직히 다른 사람한텐 아버지 / 감추고 싶어. 쭈욱 그랬어,

동수   ??

희숙   (O.L) 희경아 (하지 마)

희경   (O.L)(울음 터지며 제 방으로 아웃)

용만   …… (순주, 동식, 혜리, 동수, 경애)

희숙   철없어 그래요. 막내잖아요. (아무도 안 보면서)

용만   ……

희숙   (희경의 방으로)

희숙   (E) (들어가며 작은 소리로 나무라는) 너 미쳤어? 제정신 아냐? (하면서 방문 닫고)

S# 14 희경의 방

희숙   그런 말을 어떻게 / 무슨 생각으로 / 그럼 어떡해애.

희경   (울면서) 나만 그런 거 아니잖아.

희숙   … (보며)

희경	다 마찬가지면서 뭘. 입 다물고 있어도 속으로 하는 생각은 다 똑같잖아.
희숙	잘했다는 거야? 아버지 면전에 그거 잘했다는 거야?
희경	…
희숙	아버지도 어쩔 수 없었던 거 아냐. 취미생활 하신 거 아니잖아.
희경	누가 그거 몰라?
희숙	몇 살야… (쥐어박는)
희경	…
희숙	너까지 진짜… 그래두 넌 아버지 엄마 덕으로 대학 나와 좋은 회사 취직해 잘나가면서… 할 말 안 할 말 구분이 있어야지… 한심해 말이 안 나온다.
희경	(울며) 으으응… (눈 가리고 우는)

S# 15 거실

모두	(먹다 멈춘 채로) ……
용만	… (가만히 다시 먹기 시작하는) …
모두	… (눈치 보면서 각각 먹기 시작) …
순주	(혼자 그냥 입 꾸욱 다물고 식탁 내려다보고 있다가) …… (일어나며) 떡국 더 먹을 사람…
경애	(일어나며) 제가 해요.
	두 여자 가족들 보며 서서 대답 기다리는데… 모두 가만히.
순주	(주방으로 돌아서는데)

동수	저요… 반대접만요…
순주	(주방으로)
경애	(따라가고) …
순주	갖다줘라…
경애	네… (남편 떡국 뜨는)
순주	(냉장고에서 소주 한 병 꺼내 마개 열어 병째 벌컥벌컥 세 모 금 마시고 내리는)
경애	(입 조금 벌리고 보고)
순주	(소주병 들고 유리컵 꺼내 반쯤 따라 들고 거실로. 소주병은 두고)
순주	(남편 앞에 놓아주고 자기 먹던 자리로)
용만	… (그저 덤덤하게 먹는) …

혜리 전화 메시지 들어오는 소리.

혜리	(얼른 전화 꺼내서 보는)
문자	도착해 있습니다. (소리로 나올 필요 없음)
혜리	(남편에게 슬그머니 보여주는)
동식	(흘낏 보고 그만두고) …
혜리	(알았어요 답 써서 보내고 전화 치우는)
동수	뭐예요?
혜리	차… 와 있다고…
동수	으ㅡㅇ…
나머지	… (모르는 척)
경애	(남편에게 떡국 반 대접) …

S# 16 거실 주방 / 시간 경과

희숙, 경애와 설거지 중.

순주 (탁자에 큰 접시 놓고 과일 깎는 중) … (흘낏 남편 보면)

용만 (티비 켜놓고 / 설특집 오락프로쯤 / 무슨 설 명절 토로트 특집이든지) …… (보고 있는 것처럼) …

S# 17 희경의 방

동수 (소리 나직이 혼잣소리처럼) 정월 초하루 댓바람에 아버지 맥살 떨어지시게… (엉뎅이만 침대 걸쳐 앉아 / 고개 틀어 보며) 말을 안 할 뿐이지 우리 다 알고 생각하는 거 아냐… 우리 아버지도 좀 나았었으면 / 적어도 아버지 뭐 하시냔 질문에 망설임 없이 대답할 수 있었으면 / … (그거)

희경 …

동수 용케 교도소 들어갈 사곤 안 치고 넘어갔지만 흐응 엄마 천우신조라 그러잖아… 내가 생각해도 기특하긴 해… 그렇지만 어쨌든 우리 집에서 사고라면 최동수 아니냐… 그 이유가 결국 따지고 보면 기 못 피고… 늘… 항상… 뭔가 떳떳치 못한 환경에 대한 불만의 반작용이었을 거야…

희경 …

동수 그랬으면 형 말대로 알바 죽어라 해서라도 머리 악쓰고 공부했었으면 / 판검사, 변호사까지는 아니래도 노래방 고용살이하면서 형만 보면 속 뒤틀어지는 못난이는 안 돼 있겠지… 자업자

득이지 뭐.

희경   …

동수   얼른 나가 잘못했다 그래… 잠깐 정신이상 됐었다… 그 자식한
       테 너무 분통이 터져서 말이 헛나갔다

희경   (O.L) (가만두지) 왜 꼬치꼬치 자꾸 말 시켜.

동수   ??? 내 탓이냐?

희경   자꾸 건드렸잖어.

동수   내가 언제 건드렸어어어.

S# 18 거실

용만   (티비 보는 듯. 아내가 찍어준 과일 한쪽 그냥 무릎에 얹은 손
       에 들려져서) …

순주   (식혜 공기 사람 수대로 갖고 나와 탁자에 / 삼분의 일 잔 얼음
       식혜)

동식   (욕실에서 씻고 나오는) … (안방으로)

순주   나오라 그래…

동식   네…

S# 19 안방

동식   (들어오는)

혜리   (순주 거울에 머리 손보다가 화장 케이스 안에서 동식 스킨 꺼
       내 뒤로 내밀고)

동식	(받아서 얼굴에) …
혜리	얼른 옷 입어… (소리 작게 / 밖에 신경 쓰여)
동식	…
혜리	응? (돌아보는)
동식	설거지도 안 끝났어.
혜리	열한 시야. 길이 어떨지 두 시까지 못 댈 수도 있어…
동식	… (스킨병 화장 케이스에 넣는)
혜리	애들하고 같이 점심 먹기로 했어…
동식	?? (돌아보는 / 언제)
혜리	조금 아까… 경포대 쪽 거기 호텔 비후까스 먹고 싶대…
동식	그렇게 빨리 못 간다구 할아버지 할머니하고 가 먹으라 그래.
혜리	??
동식	코트 벗어두고 나와. (돌아서며)
혜리	왜애애?
동식	(돌아보며) 이런 분위기에 어떻게 벌써 간다고 나서…
혜리	애들이
동식	(O.L) 아버님 어머님 계신데 뭘 걱정해. 몇 시간 늦는다구 큰일나?
혜리	우리 더 있어 도움 될 것도 없는데
동식	(O.L) 상황이 상황 아냐.
혜리	상황 뭐… 밤낮 그런 집인데… 처음부터 끝까지 편안해본 적 있어? 서방님한테 우린 언제나 적군, 어머님도 비슷하시고 아

가씨 역시 우리 안 좋아하고.

동식 어쨌든 지금 못 가… 그런 줄 알아.

혜리 (O.L) 나 힘들어 여보오. 화제는 대충 다 불편하고 내가 낄 입
장도 아니고 나만 물에 뜬 기름 이단자야.

동식 (나직이 쌀쌀하게) 지금 꼭 가야겠으면 혼자 가.

혜리 ??

동식 나는 내일 들어갈게.

혜리 ???

동식 당신 이래서 나 점점 더 나쁜 자식 돼…

혜리 ???

동식 혼자 가. 난 지금 못 가… (나가고)

혜리 …

S# 20 거실

용만 부부 식혜 마시고 있는.

동식 (나와 앉는데)

순주 에미는…

동식 갈 준비 해요…

순주 (식혜 그릇 내주며) 차 기다리지 참… 나가는 길은 안 막히지?

동식 들어오는 거보다는 덜해요.

순주 애 얼른 와… 나중에 마저 해. (경애)

경애 네에에.

희숙   (일하던 것 놓으며) 먹구 하자…

경애   네…

둘   (거실로 움직이는 것과 동시에)

동수   (희경 방에서 앞서 나오고 방문 연 채 기다리고)

희경   (나오는)

        네 사람 탁자 쪽으로… 희숙 먼저 앉고.

동수   (앉으며 희경 건드려 앉히는)

희경   (앉으며 엄마 보는) …

순주   (모르는 척)

희경   (아버지 보고)

용만   (희경 보고 있다 가만히) ……

희경   (시선 내리며) 너무 속이 상해서…

용만   (O.L) 희경아…

희경   (고개 떨군 채) …

용만   내세울 거 없는 아버지… 쭈욱 늬들 맘 괴롭게 한 거 알어…

동수   어어이… 그런 말씀 뭐 하러…

순주   못나고 싶은 부모가 어딨어… (울먹해서) 다아 잘나고 싶지 잘
        나 내 새끼 남부럽잖게 키워내고 싶지. 그렇게 못하구 사는 맘
        / 얼마나 한심하고 비관스러운지 그걸 늬들이 어떻게 알어.

용만   (O.L) 그래도 늬 엄마 만나… 같이 죽어라고 일해서 이만큼이
        라도 사는 거… 나는 고마워… 부모로서 안 굶기고 밥은 먹였
        다 그뿐이지만… 그래도 크게 아픈 사람 없이 잘 커 어른 됐고

고마워… 아직 일할 수 있는 거도 고맙고… 나는 그저 다아 고마운 일뿐인데… 남한테 내놓기 힘든 아버진 거는 / … 그건 어쩔 수가 없어… 내가 그거는 어떻게 못해…

희숙   아버지… (그러지 마세요)

용만   ……

경애   네에 아버님…

용만   (식혜 그릇 들며) 내 팔짜가 / 내 분수가 그저 딱… 요만큼이니까 어떡해…

순주   그만해요…

용만   그런데… (두어 모금 마시고 내려놓으며) 이 말만 하게… (목이 메어오면서) 늬들은 내가 부끄러워도 나는… 나 안 부끄러워… 게름 안 피구… 나쁜 맘 안 먹구… 그렇게 살었으니까…

동수   어으으으 참 속상하게 왜 그러세요오!! … 어린 마음에 충분히 그럴 수 있어요. 집안 빵빵한 상대한테 솔직하기 쉽잖은 일이에요 아버시.

동식   (O.L) 그래서 정말요 지금 일하시는 거…

용만   (아들 보고)

모두   (동식 보는)

동식   그만두세요…

용만   (보며) …

동식   (O.L) 그만하세요…

용만   (그저 보는)

순주   (E) 그만두고 뭐 하라구…

동식   어머니도요… 이제 그만 쉬셔도 돼요.

순주   얘 난 끗덕없어… 아직 얼마든지 괜찮아.

동식   제 앞가림들은 하잖아요… 아버지 어머니 할 일 다 하셨어요.

순주   몸 성할 때 한 푼이라도 더 벌어 쥐고 있어야지, 무슨 팔자에…

동식   (O.L) 평생 고생하신 거 알아요. 그만하세요.

순주   신경 쓸 거 없어. 늬 아버지나 나나 될 수 있는 대로 자식들한
       테 부담되지 말구 벌 수 있는 데까지 벌자 그래.

동식   (O.L) 즈이들 위해서도 이제 그만하세요… 아버지 어머니 아
       직도 거친 일 하고 계신 거 자식들 불편해요. 더구나 저 / 나쁜
       놈 만들지 마시구요.

동수   (O.L / 꿍얼거리듯) 무슨 보장이 있어야 엄마 아버지 월수입
       책임져준다든지 연 얼마씩 지원하겠다든지 보장 먼저 내놓는
       게 순서지 덮어놓고 다 그만두라면 돼? 천 원 이천 원도 무서
       워하는 양반들 / 식비 빼고 거의 전부 다 적금 붓구 계시는데
       당장 그건 어떡하구.

동식   (O.L / 언짢아지며) 입 다물고 있어.

동수   ?? 또 그런다 또… 아 말하라고 달고 있는 입 아뇨…

동식   (좀 높아지며) 대안 없이 시작했을까봐?

동수   대안을 내노라니까 글쎄… 대안 먼저 내놓고 하는 게 맞는 순
       서 아니냐구… 변호사가 어떻게 선후도 못 챙겨요. 그러고도
       핵심 멤버요? 그거 장인어른 파워 아뇨?

동식	(화나서) 이기죽거리는 거 빼면 어디 덧나?!!
동수	유머로 못 넘어가는 거 보니 사실인가보네.
동식	너 그거 아니었잖아.
동수	아 나 참… 괘앤히
희숙	(O.L) 가만있어…
동수	(누나 보고)
희숙	옆길로 새게 만들지 마… 얘기 중인데…
동수	내가 샜어? 형이
희경	(O.L) 그만해…
동수	(희경 보고 그만두며 투덜거리는) 알았다… 알았소, 계속하쇼 형님.
동식	궁색하지 않을 만큼 제가 보조해드릴게요.
동수	얼마나.
동식	(힐끗)
동수	+체석인 액수가 나와야시 궁색하시 않을 만큼이 얼마? 박인하잖아…
동식	적금 내가 붓고 생활비 내노면 되잖아.
동수	그렇지 최소한 그건 보장돼야지. 그런데 형수님 결재 받은 거요?
동식	내가 해.
동수	형 꼼짝 못하잖아.
용만	동수야. (나무라는)

동수   네에…

용만   (그러지 말라는 눈짓)

동수   (알았어요)

동식   (E) (동수 위에) 솔직히 저요…

동식   아버지 저희 사무실에 나타나실까봐… 신경 쓰여요…

용만   (보고) …

순주   (보고) …

동수·경애 (보는)

희숙·희경 … (보는)

희경   나두 그래…

동수·경애·희숙 (시선 내리고 / 이해할 수 있다)

순주   ?? (희경에게 고개 돌아가는)

희경   같이들 점심 먹으러 나가는데 퀵 오토바이 보이면 덜컥 그러
         고…

순주   (고개 남편에게) …

용만   (시선 내리고) 그건… 그건 걱정 안 해도 돼… 아직 늬들 회사
         갈 일 배당받은 적 없지만, 받아도 내가 피하면 돼.

동식   아버지 (O.L)

용만   (O.L) 갈 사람 가고… (무겁게 일어나며) 물통 줘…

순주   아직 한 통 있어. (올려다보며)

용만   비워… 갔다 올게…

순주   (일어나 주방 다용도실 향해서) …

동수   (아내 쿡 찌르고)

경애   ?? (놀라서 일어나 주방으로)

모두   …… (한동안 사이)

다용도실에서 물통 비우는 소리 들리고.

빈 물통 두 개 들고 나오는 순주 / 손 내미는 경애 비켜 그냥

거실로.

용만   (현관으로) 조심해 가.

동식   (일어나며) 네…

순주   여보… 옷 입어야지… (물통 놓으며)

용만   어… 어…

순주   (안방으로)

S# 21 안방

순주   (들어오다 보면)

혜리   (방바닥에 코트까지 입고 앉아 핸드폰 문자 찍고 있다가) ??

순주   (말없이 장에서 파카와 목도리 꺼내고 장갑도 / 문으로 움직이

며) 아버지 약수터 가신다… 늬들 떠야 할 거 아냐…

혜리   (일어나며) 네…

S# 22 거실

나오는 순주와 혜리.

동식과 동수 현관께 서 있고 / 희숙 주방에서 커피물 끓이려…

경애는 탁자 치우는 중. 희경은 탁자 쪽에서 보고 있고.

혜리   (따라 나와서) 아버님? 약수 뜨러 가세요? (날아가는)

용만   (좀 웃어주며) 그래…

순주   (장갑은 넘기고 파카 입히고 목도리 둘러주는데)

혜리   오시는 거 못 뵙고 출발해야겠네요… 지금 인사드릴께요… 아
       버님 거언강하세요… 일간 애들하고 뵈러 올께요.

용만   응. 그렇게 해… (장갑 끼며)

혜리   잡숫구 싶은 거요… 준비해 올께요…

용만   그런 거 없어…

순주   (털신 내주고) 얼음 피해서 잘 걸어… 사고 치지 말구…

용만   걱정 마. (큰아들 보고) 가…

동식   (제가 드린 말씀요) 아버지…

용만   아냐아… 아직 한참 더 일해도 돼…

동식   아버지.

용만   (O.L) 서울이 얼마나 큰데 만날 일이 뭐 있어. 그래두 내가 알
       아서 조심하께. 그럼 돼… (현관으로 돌아서는 / 나가고)
       잠깐 사이 두었다가 순주 빼고 다 같이 돌아서는데.

혜리   어머님, 그럼 즈이는 그만 출발해도 되죠?

순주   (현관에서 돌아서 탁자로) … (주방 돌아보며) 치웠니?

경애   네에…

순주   그럴 땐 동작 빨라… 얘, 내 식혜 갖구 와.

경애   버렸는데…

순주	아깝게 그걸 왜 버려.
경애	조금밖에 안 남았었어요… 새로 드릴께요.
순주	됐다 놔둬… (안방으로 들어가려다가 돌아보며) 너는 방에서 뭐 겨우 문자질하느라 안 나오고 있었던 거야?
혜리	애들하고
순주	(O.L) 너 언제까지 손님 노릇 할 거야…
혜리	… (보며)
순주	밥만 딱 먹고 들어가 코빼기도 안 보이고 니가 맏며느리긴 한 거야?
혜리	동서랑 큰아가씨가 둘이 한다구…
순주	어으 어으으으으… (방으로)
혜리	??? (괜히 그러셔 / 남편 보는) …
동식	… (바닥 보며) …
동수	(주방으로 움직이며 작은 소리) 실수했어요.
동식	?? (보는)
동수	(그냥 지나쳐 주방 가까이) 나 물 좀 줘… (해놓고 / 희숙이 만드는 커피 기다리고 있는 희경에게) 넌 가만있지 왜 너까지 거들어. 너 한 번 했음 됐지.
희경	…
동수	아버지는 아버지 부끄럽지 않다구 그러셨잖아. 상처 받으셨단 소리 아냐. 어떻게 생각이 없어… 나이 어디로 먹은 거야.
희숙	(희경 커피 놓아주며) 너도 마찬가지야. 저는 뭐 그렇게 생각

있게 군다구.

동수 난 대놓고 아버지 창피하단 소린 안 했어 누나.

동식 내가 언제 창피하댔어!!

동수 그 말이 그 말 아냐… 아버지 회사 나타날까봐 겁난다.

동식 신경 쓰인댔어. 겁난다고 안 했어.

동수 헛참 그게 그거 아니냐구.

동식 어디서 콧방구야!!! (버럭)

동수 ??

동식 넌 도대체 내가 왜 그렇게 못마땅해. 이유가 뭐야. 사업자금 안 줘 그래?

동수 치사하게. 그게 언제 쩍 얘긴데!!

동식 너 한결같이 작정하고 나 물고 뜯는 놈이잖아.

동수 내가 뭐얼.

동식 니깐 눔이 뭔데 나한테 기어올라. 넌 뭘 그렇게 잘하구 산 게 있는데!!

동수 (열받으며) 나 눈곱만큼도 잘하는 거 없어요. 잘할 게 없어. 잘 할 주제가 못 돼 못하고 살아. 그런데 형은 나하고 다르잖아!! 잘났고 잘나가고 멋있잖아!! 너무 멋있어서 이러구 사는 우리 가 귀찮잖아.

동식 이 자식이?

동수 결혼하고 일 년 한 달에 두 번은 들여다봤어. 이 년 삼 년 되면 서 한 달에 한 번 간신히. 이젠 무슨 날 아니면 얼굴 구경 못해.

동식 일이 얼마나 많은데!! 날이 갈수록 일에 치여서 파김친데 어떻게 그런 기운이 남아돌아…

동수 형이 못 오면 형수라도 좀 보내면 안 되는 거요? 형수는 놀고 먹는 사람이잖아. 오죽하면 애들 얼굴 잊어버리겠단 소릴 해요. 형수 며느리 노릇 하는 게 뭐가 있어. 오천 년 만에 한 번 얼굴 보이면서 그릇 하나를 안 닦고 가는 사람인데. 저 여자 혼자 정승집 종년처럼 다 하는데…

희숙 왜 이래, 너 쓸데없이

동수 (O.L) 나 때문에 오기 싫다구? 아버지 엄마는 형이라면 덮어놓고 황송할 따름이고, 희경이 저 기집애는 신경 안쓴다주의구 그래도 나 한 놈은 살아 있다 그래서 그러는 거요.

희숙 동수야… (달래듯)

동수 원래도 뭐 그렇게 인간미 있는 사람 아니었지만, 그래도 최소한의 자식 노릇은 해야 그게 인간의 도리지 감기 좀 들어서 애놈 죽어요? 여독은 시간 지나면 풀려. 아버지 엄마 손주 온다+ 흥분해 기다리시는데, 그 핑계로 둘이 왔다가 그날로 가야 한다고 나서?

혜리 아빠는 있고 나만 간다고 했어요오.

동수 마찬가지예요. 형이 모자라 형수님 관리 제대로 못하는 거니까.

동식 너 나가서 나랑 얘기 좀 하자.

동수 아 뭐 상관없어요. 나갑시다.

혜리 출발해야 하는데 어딜 나가아아.

동식	(O.L) 지금 당장 안 가면 난리 쳐들어와?!!!
혜리	??
동식	그렇게 가야겠으면 혼자 가. 어제부터 혼자 가라 그랬잖아!!
혜리	아빠…
동식	고충 없는 사람 누가 있어 이 자식아. 늬 형수 나 대신 내 역할 해 줄 만한 사람 못 돼… 나도 알아. 우리 집 불편한 거, 우리 식구들 하고 어울려지지 않는 거 알아. 너만 불만 아냐 나도 불만야.
혜리	?? (남편 보는)
동식	그렇다구 살지 마? 이 집에 맞는 여자 찾아 다시 시작해? (하는데)
순주	(방문 차듯이 나오며) 가라는데 왜 안 가구 이래. 가 다 가라… 다 가… (악은 쓸 필요없어요)
희숙	엄마.
순주	너도 가고 니 일 너 알아 하고 (희경이) 너 원룸 나가고 싶댔 지? 너도 가.
동수	에이 엄마아아…
순주	늬들두 나가 엉? 월셋방이라도 얻어 나가… 나가서 느이끼리 오붓하게 살어.
동수	엄마아.
순주	필요 없어 다 나가. 자식 없다 칠 테니까 늬들두 부모 없다 그 러고 각각 살어.
희숙	엄마.
순주	(O.L) 늬 아버지랑 내가 어떻게 살어왔는데에… 손가락에

지문이 안 남아나게 남의 집 일하는 지에미 들으라고 지 여편네 아까와 버럭거리고 / 배운 거 없구 운 없어 평생 막노동으로 늙은 지 아버지 남한테 들킬까 무섭다 소리나 하구 / 자식 앞에 걸림돌이나 되고 창피나 되는 부모가 뭐에 쓸데가 있어… 늬들 우리 쓸데없고 우리 늬들 쓸데없어. 그러니… 다들 가… 다 나가…

동수　저기요 엄마.

순주　(O.L) 나가서 모른 척 각각 살아… 그럼 형제간에 으르렁거릴 것두 없구 편켔지… (하며 방으로 들어가고) ……

각각 할 말이 없는 채.

혜리　… 먼저 나갈 테니까… 화장 케이스하고 핸드백 갖고 나와…

동식　…… (안 보는 채)

혜리　(나가고)

동식　(한숨 짧게 내쉬며) … (고개 좀 틀고)

동수　… 가쇼…

희숙　… 가 오빠…

동식　(안방으로)

S# 23 안방

동식　(들어오는)

순주　(양반다리 아래 두 손바닥 집어넣고 완전 구부리고 방바닥 보며) ……(눈물이 툭툭툭 떨어지고 있는) …

동식	…… (보다가 / 장에서 옷 찾아 입고 화장 케이스와 핸드백 집
	어들고) …… 가요.
순주	……

S# 24 거실 주방

동식	(나와서 희숙에게) 전화하게…
희숙	(끄덕이고 신발 꺼내주러)
동식	제수씨, 수고하셨어요.
경애	아니에요…
동수	(화장케이스에 손대며) 줘요.
동식	놔둬. (현관으로 돌아서는데)
순주	(문 확 열어젖히는 소리와 함께) 이 싸가지 없는 놈…
모두	(돌아보고)
순주	(문에서 앞으로 내달으며 두 주먹 파들파들) 엄동설한 칼바람
	에 오토바이 타구 다니는 게 자식으로 속상해 싫으니까 / 사고
	나면 어떡하냐 그만두라구는 못해? 사무실에 나타날까 무섭다
	구? 그러니 그만둬?
동식	자식으로 속 아픈 건 기본이에요.
순주	그만둬 이 자식아!! 니눔 쌀쌀맞은 거 내가 몰라? 내 속으로 난
	자식인데 내가 몰라? 그래도 이눔아 니눔이 첫째였어. 저것들
	신경 쓰는 거 다 합쳐도 너 하나한테 들인 정성 못 따라가.
동수	어어 이제 자백하시네, 우리 엄마… (별로 심각하지 않게)

희숙	얘애. (나무라는)

순주 (자기 말에 연결) 너 그럼 못쓴다아아 너 그럼 못써어… 늬들 신세 안 질라고 죽으면 썩을 몸 애껴 뭐 하냐 늬 아버지두 나두 늬들이 무슨 생각을 하고 있는지도 모르고오. 니 아버지 심장 아퍼 이눔들아… 가슴속에서 쥐가 난대.

모두 ?? (자연히 좀 모여들게 되는)

순주 그러다 심장마비로 죽는 거래서 병원가라아 가라 그래두 큰돈 들어가는 병일까봐 돈 아까와 버티는데 /

동수 언제부터요.

순주 자식 다 무슨 소용야 무슨… (소용야)

동수 (O.L) 아 엄마, 그걸 진작 얘기했어야지. 우리 다 죽일 놈 만들라 그래요? 도대체 왜 그래요 에?!!

순주 필요없다 필요없어어. (들어가는) 다아 필요없어. 하나도 필요 없어어!! … 웅웅웅웅.

모두 침묵… 엄마 방 보며.

동수 아아 정말 노인네들…… 당신도 몰랐어?

경애 내가 어떻게에…

동수 ……

희숙 …

희경 …

동식 예약 잡아놓고 내가 모시고 간다 말씀드려…

동수 형이 해야지, 그럼 누가 하겠어요…

동식 … (현관으로)

동수 (따르며) 아무리 바빠도 미루지 말고 해요…

동식 (구두 신고) … (가방 들고 나가는) ……

동수 …… (보다가 돌아서는)

안방으로 들어가고 있는 희숙.

동수 너는 어떻게 그런 것도 모르고 있냐?

경애 어머님 말씀 안 하시는데 어떻게 알어… 괜히 구박이야…

희경 (마시던 컵 들고 제 방으로)

동수 자알했다…

희경 (그냥 들어가버리고)

동수 정월 초하루 일진이 뭐 이래… 금년 한 해 험난한 거 아냐?

경애 ……

동수 설마 심각한 건 아니겠지… 그런 거면 일을 어떻게 하구 다니
셔. 엄마 부풀리시는 거 아냐?

경애 인터넷 찾아봐.

동수 (제 방으로 가며) 쥐는 다리에 나는 거 아냐? 심장에 쥐 난다
소리는 첨이네.

경애 찾아보자구우… (남편 따르며)

S# 25 안방

희숙 … (보며)

순주 ……

희숙	어떻게 아프신 건데…
순주	쥐가 난다 그런다니까… 쥐어짜 비트는 거 같대… 숨을 못 쉬게 아프대…
희숙	짐작이 안 돼 그래…
순주	사모님 동생이 수술날짜 받아놓고 등산 갔다 산에서 죽었대…
희숙	??
순주	우습게 생각하지 말고 빨리 병원 가래…
희숙	그런데 그렇게 가만있으면 어떡해… 동수 말처럼 우리 다 형편 없는 자식들 만들려구.
순주	니 아버지가 말 들어?
희숙	동수가 한마디 해뒀어… 금방 모시고 갈 거야…
순주	(보는)
희숙	아무리 바빠도 미루지 말라고…
순주	…
희숙	그 말이 그 뜻이에요… 이제 고생 그만하라는… 오빠가 책임진다는데 뭐… 아버지랑 같이 스을슬 산에나 다니구… 그럼 좋지…
순주	늬 아버지하구 나는 이게 분수야… 팔자에 없는 호강하면 귀신이 빨리 잡아가…
희숙	그런 게 어딨어… 쉬다가 나 식당 열면 도와주면 되겠다. 엄마 아버지…
순주	당장 적금 들어가는 거 어떡하구.

희숙	오빠가
순주	(O.L) 아이구 치사해…
희숙	… (보며)
희경	(희숙 전화 들고 문 연다 / 내밀며) 안 끊어…
희숙	(받아보고 끊어버린다)
희경	영화 보러 안 갈래?
희숙	??
희경	예매해둔 건데… 혼자 가긴 그런데…
희숙	난 아냐…
희경	취소하자. (나가려는데)

희숙 전화 울리고.

희숙	… (보고 생각하다가 받는다) 여보세요… 난 할 얘기 없어 … ?? 어딜 들어와… (상대가 길게 지껄이는) …

S# 26 아파트 현관 앞

영훈	… (부은 데다 멍까지 든 눈을 선글라스로 감추고) …… (제 자 동차 옆에 서서 전화 들고) …… 왜 안 받아아아… 엄마 뭐 했 어…… 어 엄마… 희숙이 연결됐어… 엉 연결됐어… 나온대… 알았어… 알았어… 응… 응… 내 생각도 엄마랑 똑같아… 응… 아아 알아서 할 테니까 잔소리 스톱 엄마… 알았다니까아… (희숙 나오는 것 보고) 끊어 엉 나와… (희숙 앞으로 빙긋이 웃 는 얼굴) 차례 잘 지냈어?

희숙	(담담하게 보며) … (가내복에 희경의 두꺼운 카디건만 걸치고)
영훈	(손 잡으려 하며) 타…
희숙	(손 피하는)
영훈	타라구…
희숙	얘기해.
영훈	여기서? … 추워어.
희숙	난 안 춰.
영훈	… (보다가) 날씨 좋은데 당신 좋아하는 송추계곡에라도 가서 …
희숙	…… (그저 보며 / 쓸데없는 소리 하지 마라)
영훈	(안 먹히네) … 그럼 어디 가까운 데로 가지.

S# 27 거실

경애	(약 먹을 물 들고 안방으로)

S# 28 안방

순주	(등 돌리고 누워 있고 / 발치 덮고)
동수	…… (보며)
경애	(들어와 앉으며) 약 드세요…
순주	……
동수	(두통약 두 알 은박지에서 꺼내며) … 엄마…… (대답 없고) 골 아프다면서요오… (대답 없고) … (약 놓고 엄마 일으켜 앉히는)

순주　… (머리맡 얇은 수건 집어 눈께 닦는)

동수　(보며 약 들고) 아아 해요.

순주　(들고 있는 약 빼다 넣고 경애가 집어드는 컵 빼내 넘기고 내
　　　려놓으며) 후우우우우… (안 보는 채)

동수　엄마 잘하신 거 아니에요… 다른 건 몰라도 건강 문제는 우리
　　　한테 말했어야죠. 자식이 넷이나 있는데 자식 없는 노인네들처
　　　럼 왜 그래요…

순주　… (안 보는 채)

동수　돈이 얼마가 들든 그걸 왜 걱정해요 형이 있는데… 아무리 짠
　　　돌이래도 설마 형이 모른다 그럴까봐요?

순주　넌 왜 형이라면 못 잡아먹어 안달이야… 니 형이 뭘 그렇게 잘
　　　못한다구…

동수　엄마도 알고 나도 알고 우리 다 아는 거예요… 아버지 엄마 형
　　　한테 올인하면서 설마 오늘날 이런 대접 받을 줄 몰랐죠…

순주　너는, 늬들은 뭘 끔직이 하는데…

동수　우리한테는 올인 안 하셨잖아요…

경애　(가만있어 / 남편 건드리고)

동수　나라 보험 말고도 형을 또 하나 의료보험으로 생각하세요… 병
　　　원비가 얼마가 나오든 수억이 나와도 그건 형이 해줄 테니까…
　　　그것도 안 하면 인간 아니에요… 그거 못한다면 내가 가만 안
　　　둬요.

순주　?? (보는 / 가만 안 두면)

동수   심장이상이라 그래도 겁먹을 거 없어요. 우리 의술이 얼마나 수준 높은데요…

순주   …

동수   아버지 보면 그렇게 큰 탈 난 건 아니에요… 종합진단 받으면 다 나와요 다아… 그럼 수리 간단해요…

순주   …(등 돌리고 누워버리며) 늬 아버지한테나 가봐. (쥐어박듯)

동수   … (일어나는)

경애   ??? (따라 일어나며 눈짓 / 어떡해)

동수   (알아듣고) …… 저기 엄마 그런데… 우리 처갓집 가야 하는데 …

순주   …

동수   지금 벌써 딴 때보다 늦었는데…

순주   그래 가아… 깜박했어어…

동수   저녁 먹고 금방 올께요.

순주   …

동수   … (경애에게 나가 준비하라는 눈짓해 내보내고) 가지 말라면 그만두고요…

순주   가… 가라니까…

동수   아아 참 마음 무겁네에에… (하며 나가고)

S# 29 거실

동수   (나와서 제 방으로)

S# 30 동수의 방

동수   (들어오며) 잔돈 챙겨놨어?

경애   (동수 옷 주며) 엉…

동수   (옷 받으며) 얼마?

경애   이만 원.

동수   야, 이만 원 갖고 돼?

경애   아 충분히 돌아가아아… 딴 사람도 잔돈 갖고 오는데 뭐어…

동수   (옷 입으며) 오늘의 목표는 이십만 원이다… 몽땅 따줄 테니까 구두 사 신어라.

경애   터지지나 말어… 형부들 다 도산데 도사들 눈감고 졸아?

동수   그래서 시작 전에 술을 좀 과하다 싶게 들게 할 거야. 하하.

경애   (옷 입으며) 어떻게 생겼어?

동수   ??

경애   그 여자아… 당신 애 난 아줌마아아…

동수   안 낳았다니까아?

경애   걔 지금 몇 살 된 거지?

동수   진짜 왜 그러냐. 껄적지근하게에…

경애   어떻게 생겼어? 간단하게 상중하 어디 들어가.

동수   상에 상이다… 이영애다…

경애   ???

동수   <u>ㅎㅎㅎㅎㅎ</u>

S# 31 동네 카페

영훈 (보며) … (응? 어때)

희숙 … (가만히 보며)

영훈 정말 진심이야… 딱 끊는다구… 우리 승우 두고 맹세해… 만약 다시 또 그럼 그때는 내 꺼 전부 다 당신 주께… 가게구 상가구 건물이구 승우구 몽땅 다…

희숙 …… (보며)

영훈 이런 맹세 처음 아냐? 다신 안 한다 소리 한 적 없어. 맞지…

희숙 …

영훈 잠깐 이거 벗을게… 이거 때문에 내 진심 안 보일 거야… (선글라스 벗는 / 눈이 거의 붙을 지경에 무서운 멍) 크크 인물 다 버렸다… 눈 안 나간 게 천운이야… 봤지? (다시 쓰며) 이 지경으로 터지고도 내가 반성 치열하게 했다… 나 그렇게 나쁜 놈 아냐 여보…

희숙 … (그저 볼 뿐)

영훈 생활비 배 올려주께… 당신 용돈 별도로 백씩 아니 백오십 주께… 백 프로 이백 프로 내 잘못이야 내가 죽일 놈이야… 그러니까 내 사과 받아줘… 받아주고 넘어갑시다, 승우 엄마…

희숙 (컵 집어 마시는 / 천천히) …

영훈 … (보다가) 엄마도… 우리 엄마도 너한테 심했던 거 그거… 니가 미워서가 아니라 우리 사업 / 결국에는 미아리 꺼까지 우리 꺼 되는데 너 딴딴하게 만들라구 부러 그러신 거래…

희숙   … (컵 내려놓으며 안 보는)

영훈   (괜히 잠깐 고개 옆으로 돌려 주변 보듯 하고 되돌리며) 내가
        그랬어. 어쨌든 엄마가 너무 심하게 한 건 사실이다… 무엇보
        다도 뒷구멍으로 빼돌려 친정 어쩌고는… 그거 말도 안 되는
        모함이고, 그런 사람 절대 아니다.

희숙   당신도 같이 했어…

영훈   아, 나는 괜히 그랬던 거구우… 삼 년 뒤에 가게 당신 앞으로
        돌려주께… 난 아무래도 그 태양광사업 그거 시작해볼려구.

희숙   (O.L) 목이 빠져도 더 안 해…

영훈   … (보다가) 그럼… 그럼 당장 당신 좋아하는 돈… 오… 오천
        현찰로 주께.

희숙   … (보며)

영훈   승우를 생각해 여보… 내가 개과천선한다니까… 깊이 뉘우치
        고 있다니까…

희숙   개꼬리 삼 년 묻어둬도 개꼬리는 개꼬리 / 족제비 꼬리 안
        돼… (일어나 나가는)

영훈   … (나가는 것 보며 잠시 있다가 야이 쌍 하는 기분으로 벌떡
        일어나는)

S# 32 카페 밖 길

희숙   (빠르게 걸어오는데)

영훈   (등 뒤에서 쫓아와 팔죽지 잡으며) 야 이 기집애야.

희숙	(O.L) 이거 놔.
영훈	(O.L) 사람이 말을 하면 들어먹어 쇠고집 부리지 말구.
희숙	(팔 잡힌 채) 놔…
영훈	너 쇠고집 내가 아주 넌덜머리가 난다 엉? 남자 바람 / 이유 없이 나는 줄 알아?
희숙	(O.L) 사람 살려어어어!!!!! (힘껏 소리치고)
영훈	(얼결에 놓으며) 이게 미쳤나.
희숙	(입 앙다물고 노려보는)
영훈	미쳤어?
희숙	(휙 돌아서 걷기 시작)
영훈	야 야아아아!!! (달려가 잡아채려는)
희숙	(두 손으로 힘껏 밀어내고)
영훈	???
희숙	지구대 금방이야… 지구대 들어가 납치신고해애??
영훈	???

S# 33 거실 주방

용만	(물통 들고 들어와 주방으로)
희경	(주방에서 작은 접시에 너댓 개 생밤 / 하나는 씹으면서 접시 들다 돌아보고 접시 놓고 나서 물통 받으려)
용만	무거워… (놔둬) … (주방 끝 다용도실로) ……
희경	…… (보며 기다리는)

용만	(잠시 후 나오는 / 나오며 목도리와 파카 벗는) … (벗으며 안방으로) ……
희경	(아버지 들어가고 접시 들고 아드득아드득 씹으며 제 방 쪽으로)

S# 34 안방

용만	(들어와 누워 있는 아내 잠깐 보고 들고 입었던 옷 처리하는)
순주	(부스스 일어나 앉으며 머리 간추리는) …
용만	(앉으며) 뭐 하러 일어나…
순주	…
용만	(오늘도) 물 뜨러 온 사람들 꽤 있드군…
순주	동수 처갓집 가고…
용만	응…
순주	희숙이… 승우 애비… 만나러 나갔어…
용만	?? (왜)
순주	보자구 전화했어… 금방 들어온댔어…
용만	무얼 … 보구 자시구 할 게 있어… 난 반대야…
순주	… (보며)
용만	사람이 사람 대접 못 받는 거보다 더 비참한 건 없어… 정말 나쁜 사람들이야…
순주	큰애가 병원에 예약 잡아 당신 진찰받게 한대.
용만	???
순주	(쓴웃음) 말 안 했다구… 애들이 나한테 막 뭐라 그러더라구…

동수놈 지랄지랄하구…

용만   쓸데없이 … 쯧.

순주   입 다물고 있다가 과부되면… 나만 손해지…

용만   더 자주 그러면 병원 갈라 그랬는데… 괜히 애들 신경 쓰이게…

순주   싸가지들 없는 게 너무 분해서…

용만   속이 그렇게 얕아서는… 그저… 그게 자식이다 그럼 되는 걸…

순주   나는 부처 아니야…

용만   금숟가락 은숟가락 물고 태어나게 못한 게… 미안하지…

순주   별… 금숟가락 은숟가락 얼마나 되는데… 지들 복이 그뿐이었던 거지 뭐가 미안해…

용만   …

순주   (울컥) 새끼들밖에는 아무것도 안중에 없이 그렇게 살았어… 당신 맹장 떼고도 금방 일 나갔고, 나 팔목 부러져 석고 처바르고도 일 댕겼어…

용만   …

순주   우리가 할 수 있는 한 / 죽을힘 다해서 / 죽자구

용만   (O.L) 자식한테 죽을힘 안 하는 부모가 어디 있어… 생색 낼 일 아니구먼…

순주   우리를… 우리를 너무 우습게 봐… (두 손으로 눈 가리며) 나는 그게 분해…

용만   쯧……

순주   (우는 / 작게 지렁이소리 울음)

용만　　… (가만히 보며) …

S# 35 용평 스키장

야간 스키 타고 있는 동식 부부와 아들 둘.

S# 36 경애 친정 마루

두 동서 내외 동수 부부 장모 / 한창 열 올라 있는 고스톱 판

(시끌벅쩍하게)

S# 37 용만 아파트 전경 / 밤

탁자에 저녁상 차리는 중인 희숙과 순주… 거의 다 차려놓은.

순주　　(탕국 숫자대로 뜨고 있는) …

희숙　　(탁자에 물 놓고 주방으로 움직이며) 희경아 나와아아… (엄마

한테서 탕국 쟁반 받아 들고 탁자로 와 서서) 아버지이 나오세

<u>요오오오</u>…

잠시 응답 없고 희경 나와서 앉고.

순주　　(탁자로) 아버지 대답했어?

희숙　　아니? 주무시나?

순주　　(안방으로 방문 여는데)

용만　　(가슴 틀어쥐고 등으로부터 거실로 벌렁 / 극심한 통증)

순주　　?? 여보… 여보…

희숙　　아버지…

희경   (벌떡 일어나고) …

순주   여보 여보 여여보.

희숙   희경아 일일구 일일구!! (희경 방으로 뛰어 들어가고) 아버지,
      아버지이이이… 아버지이이이…

S# 38 요란하게 소리 내며 달리는 앰블런스

S# 39 앰블런스 안

      실려 가고 있는 용만 괜찮다고 자꾸 일어나려 하는 / 희숙 구
      조대원과 함께 자꾸 눕히고 순주 울며 불며 남편 팔 주무르는)

용만   (별수 없이 눕혀져 눈 뜨고) ……
      앰블런스 소리 계속되는 가운데.

S# 40 중국집 배달 소년 용만

S# 41 공사판 모래 등짐 잡부 청년 용만

S# 42 벽돌공 청년 용만

S# 43 미장공 용만

S# 44 콘크리트 타설 용만

S# 45 택시 운전 용만

S# 46 환경미화원 용만 / 40대 초반

S# 47 50대 초반

S# 48 정년퇴직 직전 미화원

S# 49 퀵서비스 용만

　　　심폐소생술 받고 있는 앰뷸런스 안의 용만에… (앰뷸런스 안
　　　에서 가능한가 조사 요망)
　　　울부짖는 순주와 희숙.
　　　오토바이 달리는 용만…

끝

아들아 너는 아느냐

SBS 창사 특집극

1999년 11월 14일 SBS 방영(곽영범 연출)

뇌사자의 장기기증 문제가 사회문제로 등장하면서 뇌사자의 가족들이 기증을 하기까지 겪
게 되는 삶의 이야기를 진솔하게 풀어간다. 단란한 한 가족에게 어느 날 몰아닥친 비극과 아
들을 지키기 위해 혼신을 다하는 부모의 심정, 그리고 마지막 순간까지 아들을 위해 또 아들
이 꼭 그렇게 동의한다고 확신하고 결정하는 장기기증 과정의 생생한 모습이 보여진다.

출연 : 강부자, 이경영, 박순천, 맹상훈, 박현숙, 김나운 외
출처 : http:// www.kshdrama.com

{ 등장인물 }

제1부

S# 1 바다가 배경으로 된 제방(堤防)이나 그런 장소 / 토요일 오후 2시쯤

　　배경(원경遠境)으로 / 두 소년이 자전거 배우기와 배위주기를 하고 있는 그림.

S# 2 장수와 경호 / 10세 소년들

장수　(경호를 태워놓고 뒤에서 잡아주면서 /) …… (자전거가 옆으로 기울며 비틀거리자) 아냐아냐아냐 아니라니까아? (벌써 옆으로 쓰러지는 자전거와 경호 / 장수 / 자전거 일으키면서) 하

아아 참 못 알아듣네에. 쓰러질려구 하면 그래 좋아 쓰러지자 그러구 쓰러지는 쪽으로 같이 기울이라니까아 이렇게. 그럼 자전거가 도로 선다니까아?

경호　(무안하면서 일어나는데)

장수　안 다쳤어?

경호　엉.

장수　쓰러지는 쪽으로 응? 쓰러지는 쪽으로. 알았어? 버티지 마. 버티지 말고 그냥 쓰러져줘. 나를 믿어. (보는 경호 위에)

장수　(E) 선생님 말을 믿으라구 / 알았어? (좀 불만이다)

장수　… (잠깐 보다가 한손으로 경호 어깨 가볍게 치면서) 그래. 나도 그랬어. 너도 이제 곰방 잘 타게 돼. 이거 쉬워. 하나두 안 어려워. 내가 너 삼일 안에 잘 타게 해. 자, 해보자. 타 얼른.

경호　(자전거에 오르고)

장수　가자. (뒤에서 잡아주고)

　　　앞으로 곧잘 나가는 자전거.

장수　(신나서) 그래그래. 잘한다 한경호! … (오른쪽으로 기우뚱) 오른쪽 / 오른쪽으로 비스듬히! (경호 / 시키는 대로 하고 / 자전거 균형이 잡힌다 / 좋아서) 바로 그거야 짜샤아! 하하 ㅎㅎㅎㅎ.

경호　(뒤돌아보며 좋아서) ㅎㅎㅎㅎ (하다가 기우뚱) 어어어…

장수　어어어 (반대쪽으로 몸 버틴 경호 자전거와 함께 쓰러진다) 전생에 내 원수냐? 속 엄청 썩인다 응?

경호　히히히히히 (에서)

S# 3 같은 장소

자전거 등 뒤에 세워놓고 바다 쪽으로 나란히 앉아서 고구마
먹고 있는 두 소년.

장수   (고구마 입에 잔뜩 물고 화면 시작과 동시에) 몰라. 나 낳구 나
서 울 엄마 애기집이 고장났대. 그래서 동생은 영원히 틀렸대.

경호   (고구마 먹으며) 너 내 동생 하나 데려가라.

장수   ? (돌아보며)

경호   우리 엄마 아빠는 주책없이 왜 자꾸 애기만 만드는지 몰라.

장수   짜식… 귀엽잖아.

경호   귀여울 때두 있지만 엄마가 일을 못하시잖아. 돈은 더 많이 드
는데…

장수   (먹으며 보는) … (문득 고구마봉지 집어 내밀며) 니 동생 갖다줘.

경호   아냐아 괜찮아아.

장수   금방 저녁땐데 더 먹으면 저녁 못 먹어. (나머지 입에 구겨 넣
고 손바닥 탁탁 털며) 난 다 먹었어. (에서)

S# 4 수산시장 안 노점 같은 간이점포 / '진짜 옛날식 순대'라는
포장

엄마   (활짝 웃으면서 / 익숙한 솜씨로 마지막 순대 썰면서) 아예 반
나절 장사만 작정했었어. (같은 또래 여자. 생선 다루는 앞치마
같은 것 입고) 할 일이 좀 많아야지. (좀 눈웃음치며) 아직 다
쑤셔넣지두 못했어. 웬 허접쓰레기가 그렇게 많아어?

여자	(썰고 있는 순대 집어 먹으며) 없는 살림이 열두 트럭이지 왜.
엄마	그렇더라구 글쎄. 낄낄… (양푼에 단지 한 줄 남아 있던 삼십 센티미터 정도짜리 순대 들어내며) 오늘 장사 헛했네. 인심쓰구 말자 까짓. (썰며) 갑절이다 갑절.
여자	어이구 고거 갖구 또 매상 올릴라구 했니? 무섭다아아아.
엄마	깔깔깔깔. (환하고 행복하게)

S# 5 시내버스 종점

장수	안녕하세요 안녕하세요. (버스 타이어 발로 차보고 있는 기사 / 또는 정비사들 / - 눈에 띄는 대로 쾌활하게 인사 - 경호는 자전거 잡고 조금 뒤편에 서 있고)
어른들	(각각) 어 장수 왔냐? / (네) 햄버거 먹구 싶어서? (아니에요 하하)
어른	(아버지 또래) 야, 너 이리 와봐 이눔아. (장수에게 다가오며)
장수	네. (어른에게)
어른1	(머리 가볍게 흐트러뜨리며) 새 아파트 좋으냐?
장수	네 무지 좋아요.
어른1	(한 손 주머니에 들어가며) 그래 좋은 꿈 꿨어?
장수	네 하늘을 마악 날아다니는 꿈 꿨어요.
어른1	(주머니에서 천 원짜리 두 장 꺼내 내밀며) 이눔아 건 키 크는 꿈야. 햄버거 사 먹어.
장수	? 아니에요, 아저씨 아니에요. (하며 꽁무니 빼는)

어른1   (잡아당겨 손에 쥐어주며) 까불지 마 인마. 받어.

장수   감사합니다. 고맙습니다 아저씨.

어른1   너 내 사위야. 딴생각하면 안 돼.

장수   (얼굴 난처해지고)

남자들   (와악 웃고)

어른1   (장수에게서 돌아서며) 쥐약 멕이는 거지 뭐.

남자들   (소리 내어 웃으며)

정비사   (연장 들고 장수 옆 지나가며) 장수 야단났다 하하. 똥 찍어 먹
         었어 똥.

다같이   (소리 내어 웃는데)

         들어오는 아빠의 버스.

남자1   야, 니 아빠 들어오신다.

장수   (잽싸게 움직이고 있는 버스 운전석 쪽으로 가 붙어선다) …
         (버스 멈출 때까지 기다리며 쫓다가 멈춰지고 브레이크 채우
         자) 아빠아!

아빠   ? … (유리 안에서 활짝 웃고 내리면서) 왜애. (왜 왔어)

장수   아빠한테 할 얘기가 있어요.

아빠   (주머니에 손 들어가며) 그놈에 피씨방 때매 언제구 엄마한테
         너랑 나 합동으루 작살날 거다.

장수   (O.L) 아니 그게 아니구 저기요 자전거 있잖아요 아빠 / 경호
         한테 하루만 빌려주면 안 돼요?

아빠   ? …

장수	재 혼자 하루만 연습하면 자알 탈 거 같아요. 낼은 심부름하느라 바빠서 자전거 만질 틈두 없을 거거든요? 그러니까…
아빠	(O.L) 나는 괜찮은데 니 엄마가 좋아할까? (공범자 얼굴로)
장수	엄마는 안 좋아하시겠죠오.
아빠	그래 빌려줘 까짓. 구더기 무서워 장 못 담그냐? 빌려줘.
장수	하하… 네 아빠. (하고 벌써 경호 쪽으로 뛰려 하는데)
아빠	야야 아빠 일 끝났어. 손 씻구 나올 테니까 잠깐 기다려.
장수	아아 (참 그랬지. 일찍 끝내기로 했지) 네, 알았어요. (하고 경호 쪽으로)
아빠	(잠깐 웃는 얼굴로 아들 뒤 보다가 돌아서는)
장수	(경호 쪽으로 뛰어와서) 야, 우리 아빠가 허락하셨어. 너 오늘 낼 빌려줄 테니까 내 자전거 갖구 가서 연습해.
경호	? (눈 휘둥그레져서) 진짜야?
장수	진짜지 그럼 야 / 우리는 영원한 친구야. 그 대신 도둑맞으면 절대 안 돼. 나 이사하기 전에는 할머니 방에다 들여놓구 잤구 어제두 현관 안에 들여놓구 잤어.
경호	그래 알았어 걱정하지 마. (너무 좋아서)
장수	이거 십육단 기어 비싼 거야.
경호	알았다니까 짜식.
장수	(경호 어깨에 한 팔 탁 걸면서) 그래 됐어 나가자. 나 우리 아빠랑 같이 갈 거야. 너 먼저 가라구. (움직이며)
경호	어 알았어.

장수   열심히 연습해서 월요일에 보여줘야 해애?

경호   어엉…

장수   짜식 (머리 만지며) 요거 귀여운 놈이란 말야아아.

경호   (좋은 얼굴로 웃으며 흘기는) 웃기지 마 인마.

장수   아 잠깐. (하고 경호 반응 살필 새도 없이 옆의 가게로 뛰어들
        어간다)

경호   ?

S# 6 가게 안

장수   (들어와 다짜고짜 라면 있는 곳으로 가서 라면 봉지 집어든다)

S# 7 가게 밖

장수   (라면 네 봉지 들어 있는 비닐봉지 들고 나와 / 고구마 봉지 매
        달려 있는 자전거 손잡이에 끼우면서) 새로 나온 라면 맛있더
        라? 한번 먹어봐.

경호   야 싫어어. 너무 신세만 지는 거.

장수   ? … 짜샤 선물야 선무울. (선물인데 안 받을 거야?)

경호   … (뿌우해서 보는)

장수   (같이 뿌우해서 보는) …

S# 8 거리

        부자가 다 바지 주머니에 양손 찔러 넣고 걷는 / 느리지 않게.

장수   (화면 시작과 동시에 수다 떠는) 다아 좋은데 / 술 잡숫는 거까
            지도 좋은데 주정만 안 하셨으면 소원이 없겠대요.

아빠   주정을 한 대?

장수   심하시대요. 술만 잡쉈다 그러면 엄마랑 동생들이랑 전부 다 도
            망쳐야 한대요. 갓난아기구 뭐구 없대요. 다 집어던진대요 다.

아빠   <u>쯔쯔쯔쯔</u>. 거참.

장수   어 (잠깐 걸음 멈추며) 참 아빠.

아빠   ?

장수   김자 용자 출자 아저씨 때매 미치겠어요.

아빠   … 왜.

장수   나만 보시면 너 내 사위야 딴생각하지 마 그러시는데 / 아빠
            나 진짜 딴생각하면 안 되는 거예요?

아빠   껄껄껄껄껄.

장수   보셨어요?

아빠   (걸으며) 봤지. 관심 있냐?

장수   아니 이 아저씨가 자꾸 그러시니까 / 어떻게 생겼는지 궁금한
            거 있죠.

아빠   하하하.

장수   이뻐요?

아빠   용출이 아저씨 닮었어. (못생겼어)

장수   에에? (있는 대로 찡그리고)

아빠   하하하하하.

장수 (땅 보면서 투덜거리는) 시이. 그럼 이제부터 천 원 이천 원씩

주시는 거 안 받을 거야.

아빠 하하 오늘두 주디?

장수 예, 이천 원. (불만스레 아빠 보며)

아빠 (앞 보며 걸으며) 받어어. 받어서 챙겨어.

장수 에이 아빠 인간이 그럴 수는 없죠오.

아빠 (웃는 얼굴로 아들 내려다보고)

장수 (땅 보며 갸웃) 하아아 고민이네에에.

S# 9 시장 안

시장을 훑고 다니는 부자(父子).

아빠 어디 들어가 쑤셔박힌 거야. 아주머니 우리 집사람 못 봤어요?

여인 (생선가게) 아까 여기서 오징어 다듬어 갖구 저어리 갔는데에?

아빠 (움직이며) 저어리 갔단다.

장수 저기 계신데요? 엄마아!

엄마 (저만큼 멀찍이 조개 종류 파는 데서 물건 고르다가 보고) ? 너

왜 나왔어 할머니 도와드리라니까.

장수 (엄마 쪽으로 뛰어가면서) 할머니가 귀찮다구 나가라는데 뭘.

엄마 그럼 공부하지?

아빠 이 판국에 공부가 돼?

엄마 판국이 무슨 판국인데요. 아줌마 바지락 이천 원어치만 주세요.

여인 이천 원어치 갖구 누구 코에 붙여. 전 부쳐 손님 친다면서.

엄마	그럼 삼천 원어치 하까?
여인	(까놓은 바지락 담으며) 돈 만 원어치는 가져야…
엄마	아구구구 아줌마. (바지락 담는 여자 손 잡아 치우며) 어림없는 소리 마세요. 빈대떡두 부칠 거구 먹을 거 많아요. 삼천 원어치만 줘요.
아빠	아 좀 넉넉히 사아.
엄마	? (잠깐 아빠 돌아보고) 천 원어치만 더 줘요 그럼. 사천 원어치.
아빠	아 (하고 무슨 말 하려는데)
장수	(아빠 잡아당긴다)
아빠	? (아들 돌아보고)
장수	(나직이 / 아빠 안 보고 엄마 쪽 보는 채) 혼나지 말구 가만계세요.
아빠	(피시시 웃으며 한 손 아들 머리에 올라가며 아내 쪽 보는)

S# 10 시장 입구를 벗어나고 있는 세 식구

이튿날 손님 치를 시장 거리 나누어 들고.

엄마	돈 쓸 거 너머 없어. 십만 원 갖구 시작했는데 삼만 원이나 남았나아?
아빠	어이구 삼만 원이나 남겼어? (장하다 내 마누라)
엄마	삼겹살 서 근 / 고등어 한 손 / 코다리 열 마리 / 배추 두 포기 기부받구두 그렇게 썼어. 도둑맞은 거 같아. 산 것두 쥐뿔두 없는데.

아빠	웬 기부야?
엄마	<u>으ㅎㅎㅎㅎ</u> / 집 사서 이사한 거 축하한다구.
아빠	나발 불구 다녔니?
엄마	<u>으ㅎㅎㅎ</u> 어머니가 불구 내가 불구 모르는 사람 없을걸?
아빠	(이쁘고 귀여워 보면서 웃는) 못 말린다 암튼 흐흐. 부담되게 뭐 하러 그런 걸 (떠들어)
장수	(O.L) 좋아 그래. 컴퓨터 안 샀다.
부부	? (아들 돌아보는)
장수	제 컴퓨터 살 돈 / 기부하께요. 다른 사람들도 다 기부하는데 아들이 모른 척할 수가 없네요, 컴퓨터 중학교 입학 선물로 사주세요. 안 사께요.
부부	(서로 눈 맞추고 / 동시에) 사준댔어? / 사준댔어요?
아빠	아니.
엄마	나두 안 했는데?
장수	글쎄, 신경쓰지 마세요. 지금 안 사도 돼요. 집 사느라 빚진 거 다 갚고 그런 담에 사주세요. 괜찮아요.
아빠	인마, 사 내라는 말보다 더 무섭다.
엄마	컴퓨터 안 돼. 보나마나 맨날 게임만 두드릴 거 뻔할 뻔인데 안 그래두 전생에 웬수처럼 공부 안 해서 속 썩이는 놈한테?
아빠	사주면 공부한다잖어.
엄마	어이구 어수룩하기는. 믿을 게 따루 있네.
아빠	신경쓰지 말어. 안 사두 된다는데 뭘 신경써.

엄마 떡 줄 사람 생각두 안 하구 있는데 김칫국부터 들이키지 마라 엉?

장수 마음 아파하지 마세요. 저 포기했다니까요?

아빠 (기막혀 허 웃고)

엄마 어이구 참 내… (남편과 동시에)

장수 손님 몇 분이나 오세요? (분위기 바꿔서 / 옆의 아빠 올려다보며)

아빠 어 한 열 사람쯤 되겠더라.

엄마 히익 / (잠깐 멈추며) 여서일곱이랬잖어.

아빠 글쎄 좀 늘더라. 여서일곱이나 열이나.

엄마 당신 입으루 열이라면 열 서넛은 된다 왜. (걸음 다시 떼어놓으며)

아빠 (걸으며) 그렇게 알구 준비하면 되겠네.

엄마 뽕 빠지는 건 생각 안 해? (밉지 않게 흘기며) 빚 갚아야지이.

아빠 장수가 컴퓨터 값 내놨잖어.

엄마 (남편과 눈 맞추고 입으로만 쭝얼거리는 / 입모양 / 거봐 / 안 샀어두 됐잖아)

아빠 (아무 소리 하지 말라고 눈짓하고) 고맙다 장수야. 아들 둔 보람이 크다.

장수 (올려다보며) 너무 감격하지 마세요. 중학교 들어가면 살 거니까요.

아빠 알었어 인마. 못 박지 마.

장수 그런데 그땐 더 비싼 거 사야 해요.

아빠 알었다 알었어.

엄마	(아빠와 동시에 / 눈 크게 뜨고) 왜 더 비싸?
장수	수준이 그렇거든요.
엄마	아니 수준이
아빠	(O.L) 초등학생 수준하구 중학생 수준이 같나 어디. 그 말이지?
장수	네에.
엄마	(흘기며) 그렇게 공부 안 해서 중학교나 들어갈래나 모르지.
아빠	그래두 장수 뒤에 열다섯 명이나 있대.
엄마	그거 갖구 돼?
아빠	그래두 공학박사 된대잖아.
엄마	(입 벌리고 남편 보는 / 공학박사는 무슨 / 공불 그렇게 안 해서) …
아빠	(엄마 보고 웃는)

S# 11 아파트 단지 안으로 들어오는 세 식구

장수	(같이 들어오다가 냅다 제 집 쪽으로 뛰고)
엄마	(잠깐 걸음 멈추고 고층 아파트 올려다보면서) …
아빠	(잠깐 걷다가 돌아보는) … 뭐 해.
엄마	(올려다보며 남편 쪽으로 움직이며) 여보, 난 우리 집이 여기 있다는 게 믿기질 않는 거 있지.
아빠	(그냥 미소로 보며)
엄마	(남편 옆에 와 남편 올려다보며) 좋아 죽겠구 흥분돼 죽겠어

그냥. 하루 종일 부웅 떠서 구름 타구 있는 거 같어. 당신은 안

그래?

아빠   나는 인간 아니니? 흐흠 나두 그래. 휘파람이 저절루 나오구 말

야. 내내 휘파람 불구 다녔다. 오줌 누면서 그거 붙잡구서두 빙

글빙글 웃구 있더라구 보니까.

엄마   아으아으 (흘기며) <u>ㅎㅎㅎㅎ</u>,

아빠   <u>ㅎㅎ</u>. 허허허허. (웃으며 따라 걷는)

S# 12 아파트 계단을 정신없이 빠르게 뛰어 올라가고 있는 장수

S# 13 다른 계단 / 뛰어오르고 있는 장수. 현관 앞

장수   (벨 누르며 / 헐떡이며) 할머니이이이 / …… (기다렸다가 다

시 벨 누르며) 할머니 할머니 할머니이이이 /

조모   (E) (좀 떨어진 곳에서) 누구냐. 장수냐?

장수   네 할머니 왜 문 안 여세요오!

조모   (E) 아이구… 아이구 내 새끼… 못 들었지… 물일 하느라 못

들었지이. (하며 문 연다)

S# 14 현관 안 / 거실

장수   (들어서며) 못 들으셨어요? 안 들려요?

조모   아니아니아냐. 저어기 물청소 하느라 못 들었어. (하며 잠그려)

장수   내버려두세요. (신 벗으며 돌아보며) 엄마랑 아빠 오세요.

조모	그려? 같이 왔어?
장수	네. 아빠한테 갔다가 (냉장고 있는 쪽으로 가며) 엄마한테 가서 같이 들어오는 길이에요. (냉장고 문 열면서 돌아보는) 엄마 시장 엄청 많이 봤어요.
조모	(벌써 손자 쪽으로) 뭐 물 먹을라구?
장수	(물병 꺼내며) 네.
조모	내 주께. 할미가 주께… (플라스틱 머그에 물 따르며) 그런데 왜 그렇게 숨이 차.
장수	계단으로 뛰어 올라왔거든요.
조모	(물잔 주며)왜. 엘레베타 고장났든?
장수	맨 꼭대기 층에 있어서 안 기다리고 그냥 올라왔어요. (마신다)
조모	고구마 다 먹었어?
장수	네. (마시며 / 벌컥벌컥)
조모	맛있지? 밤 같지?
장수	(물잔 내리며) 네.
조모	물 사 먹구?
장수	그냥 천천히 먹었어요.
조모	쯔쯔 물 사 먹으라니까아.
장수	(주방 돌아보며) 할머니 혼자 다 하셨어요?
조모	다 했지.
장수	이제 할머니 엄마한테 혼난다. 엄마가 다 한다구 할머니는 옷장만 정리하시라 그러든데 (하며 나가는)

조모 (물컵 싱크대에 넣으며) 할 일 쌓아두구 염불하구 앉었어 뭐
   해. (반 혼잣소리)

장수 (E) 우와아 좋다아.

조모 ? (내다보는)

S# 15 거실

장수 (제사상으로 쓰는 교자상 마루 가운데 펼쳐져 있고 / 거기 앉
   아서 나오는 할머니 보며) 이렇게 해노니까 우리두 꼭 드라마
   에 나오는 집 같네.

조모 거기다 방석까지 끄내 노면 더 근사하지.

   (E) 현관 벨.

장수 (O.L / 일어나며) 문 열렸어요 엄마아! (조모는 현관으로)

엄마 (들어오며) 즈이들 들어왔어요 어머니. (아들도 들어오고)

조모 오냐 애들 썼다. (짐 받으려 손 내미는)

엄마 놔두세요. (올라오며) 점심 해 드셨어요?

조모 오냐.

엄마 (주방으로 움직이며 실내 돌아보며) 어머니 또 잠시두 안 쉬구
   움직였구나. (조모 돌아보며) 아무것두 하지 말구 쉬시라니까아.

아빠 (짐 들고 주방으로 움직이며) 거 하나 마나 한 소리 뭐 하러 해.
   뻔히 알면서 괜히 입발림.

조모 (엄마가 든 짐 하나 잡으며) 얘 입발림이래두 나는 하는 게 좋
   더라.

엄마 입발림 아니에요.

조모 아이구 그래 됐어. (주방으로 앞서며) 어디 보따리나 풀어보자.

엄마 당신은 나와서 장수랑 박스나 풀어요 얼른.

아빠 (E) 알았어 그래 알았어. 물 좀 마시구.

장수 (O.L) 엄마 나는 내 방 정리해야 하는데에?

엄마 (주방으로 들어가며) 박스 먼저 풀어. 마루 먼저 치워야 손님

치를 거 아냐.

장수 알았어요. 오줌 먼저 누쿠요. (하며 화장실로)

S# 16 화장실

장수 (들어와 싱글벙글 / 변기 뚜껑 열어놓고 쏴아아 시원하게 소변

보고 나서 씻어내리고 / 세면대로 가 수도 틀어 손 씻는다 / 이

런 일들이 다 신기하고 기쁘다) … (그러다 문득 욕조 위에 달

린 샤워 꼭지 보고 급하게 화장실 문 열고 소리 지른다) 엄마

아 저 지금 목욕하면 안 돼요?

S# 17 거실

엄마 (주방에서 시장 거리 꺼내면서) 주책 떨지 말구 빨리 나와. 이

따 밤에 해.

장수 에에이. (화장실 문 닫는다)

S# 18 주방

조모   그러게 말이다.

엄마   김치 좀 보셨어요?

조모   잘 익구 있어. 낼은 딱 먹기 줄 게야.

엄마   슬금슬금슬금 언제 그렇게 올른 건지 원. 돈이 종이야 종이.

조모   아이구 애 참 내 정신 / 컴푸탄지 뭔지 왔더라.

엄마   ? 언제요? (소리 죽여)

조모   아까 한 한 시간이나 되나아.

엄마   낼 오전에 온댔는데에? (하며 부지런히 나가다 돌아보며) 장수 봤어요 어머니?

조모   글쎄, 깜박했다니까?

엄마   잘 깜박하셨어요. 가만계세요.

S# 19 거실

엄마   (나오며) 여보… 당신 어딨어?

아빠   (베란다에서 박스 풀다가 기웃) 왜 불러? 여깃어어.

엄마   (조르르 남편에게) 컴퓨터 왔대 여보.

아빠   ? 낼 아니었어?

엄마   장수 아직 모른대.

아빠   (씨익 웃고) 그래? (베란다에서 거실로 나오며) 장수야 뭐 하니?

장수   (E) (화장실에서 물소리 나던 것 잠그며) 세수했어요.

부부	(잠깐 서로 마주 보고)
아빠	일하기 싫어서 꾀부리구 그럼 곤란해애.
장수	(수건으로 닦으며 나온다) 아니에요. 엄마 수건에서 냄새나.
엄마	(얼른 수건 빼서 뭉치며) 정신없어 제대루 못 말려 그래. 옷 안 갈어입어? 얼른 갈어입구 나와 일해 빨리이?
장수	갈아입기는 뭐 이대루는 안 돼요?
아빠	인마 샤쓰 그거 새 거잖아. 빨리 갈어입구 나와 빨리.
장수	알었어요. (하고 제 방으로)

S# 20 장수의 방

장수	(들어온다)
	헌 책상, 헌 책꽂이 / 대충 반만 정리한 방.
장수	(들어오면서 / 방문 열어놓은 채 – 한편에 겹쳐놓은 이부자리 쪽으로 가 입고 있던 셔츠 벗어놓고 이부자리 위에 아무렇게나 벗어놓았던 셔츠 집어 목을 끼면서 돌아서다가 눈이 활짝 커진다)
	책상 위에 버겁게 올라 앉아 있는 컴퓨터.
장수	? … (벌어진 눈 / 벌어진 입 / 믿기지 않아 눈을 냅다 비비고 다시 본다) ……

S# 21 마루

부부	(신경이 장수 방으로) …
장수	(E) (순간 느닷없이 터지는) 엄마아아! 아빠아아아!

부부	(얼굴 맞추고 웃는)
장수	(냅다 뛰어나오며) 와아 하하하하하 / (미친 아이처럼 펄쩍펄쩍 온 마루를 뛰어다니면서) 와하하하하 / 하하하하하하 / 와와와와와 / <u>으흐흐흐흐흐</u> / 으아으아으아으아 (부부 웃으며 보고 있고 / 조모 나와서 웃으며 보고)

S# 22 거실

장수와 아빠 / 옷박스 마주 들고 베란다에서 나와 안방으로.

S# 23 안방

들어온 부자 / 같이 박스에서 옷가지들 들어내 방바닥 장 앞에.
이미 잔뜩 쌓인 옷가지들.
괜히 서로 보며 싱글거리며 인마.

장수	아빠는요.
아빠	인마 니가 좋아하니까 나두 좋아서 그래.
장수	(새삼스레) 우하하하하.
아빠	우하하하 하하. (하며 아들 머리 가볍게 치는)

S# 24 거실

낡은 석유난로 부자가 함께 심지 잘라내고 청소하고.

아빠	아빠는 말야… 니가 꼭 박사 안 돼두 좋아. (아들 안 보며 일하면서) 박사 아니면 어때. 그저 양심껏 열심히 / 성실하게 사는

올바른 인간이기만 하면 되는 거야. 회사원이면 어떻구 나처럼 버스기사면 어때. 무슨 상관야. (과장 없이 차분하게)

장수 상관없지요.

아빠 낫다구 생각하면서 사니까 뭐 나는… 내 말에 불만 있어?

장수 아뇨. 없어요.

아빠 그저 남한테 폐 안 끼치구 못할 짓 하지 말구… 언제든지 항상 / 누군가한테 도움이 되는 인생을 산다면 그게 바루 성공이지 딴 게 성공 아냐 너.

장수 (끄덕인다 / 역시 안 보고 일하는 채)

아빠 그래서 이제부터 공부 좀 할 건가?

장수 ? (본다)

아빠 컴퓨터 사줬잖어 인마.

장수 네… 해야죠.

아빠 지겹지두 않냐? 니 엄마 좀 기쁘게 해줘봐 엉?

장수 예, 알었어요.

엄마 (행주 들고 상 닦으러 나오다가 O.L) 아이구우 석유 냄새 나는 구면 베란다서 하지 건 왜 끌구 들어와아.

부자 (동시에) 춰어. / 춰요 엄마.

S# 25 거실

저녁 먹고 있는 가족들. 김치찌개와 김치 / 콩나물 무침 정도.

조모 (찌개 떠 올리며)… 돼지고기 잘 샀다.

엄마	냄새 안 나지요?
조모	맛있어.
엄마	(밥 뜨면서 아들 보는) … 웬일야? 잠꼬대두 컴퓨터어 컴퓨터어 하던 녀석이 왜 컴퓨터는 본 척두 안 해?
장수	(먹으며) 할 일 많은데 컴퓨터 만지다가 또 전생에 웬수 소리 들을려구요?
조모	으흐흐흐 (조금 소리 내어 웃고 / 아빠도 웃으며 아들 보고)
장수	(볼이 미어지게 밥 넣으며) 컴퓨터 학원에를 다녀야 하는데…
엄마	? 뭐야 / 할 줄두 모르면서 사내라 그랬단 말야?
장수	으흐흐흐 / 그럴 줄 알었어 흐흐 엄마 펄쩍 뛸 줄 알었다구요.
엄마	할 줄두 모르면서 컴퓨터 컴퓨터 그런 거야? / 뭐? 학원? 학원 또 보내야 하는 거야?
장수	진지나 드세요 어머니.
엄마	(그래도 믿기지 않아 꼬나보는)
장수	제가요? 여얼심히 연구해서 스타크래프트 열 배 더 끝내주는 게임 개발할 거예요. 그럼 어떻게 되는지 아세요? 여기 이런 아파트를 천 개 더 살 수 있구요? 할머니랑 엄마랑 아빠랑 / 자가용 비행기 한 대씩 따로따로 사드릴 수도 있고요? 아빠한테는 버스회사를 통째로 사드릴 수도 있어요.
엄마	(말하는 아들 입 벌리고 보고 있다가) 얘가 무슨 이런 황당한 소릴 해애? 그게 뭔데.
장수	게임요.

엄마	… (보며)
장수	컴퓨터 게임인데요 엄마 / (하다가) 에이 엄마는 몰라요. 아무 튼 그런 게 있어요.
엄마	그래애 그렇지 당신 내가 뭐랬어. 컴퓨터 사줘봤자 게임마안 두들겨댈 거라구 했어 안 했어.
아빠	아 게임마안 두들기다가 자가용 비행기에 버스회사 통째루 사 주면 좋지 뭘 그래.
엄마	이이는 물렁 팥죽 모양 아무거나 좋아좋아 / 애 다 버린다니까 아?
아빠	게임마안 두드릴 거야?
장수	에이 어디요오. 공부하는 틈틈이 연구한다 그거죠오.
아빠	공부하는 틈틈이 연구한대.
엄마	내가 걸 믿으면 우리 아버지 딸이 아니다. 너 자전거 사주면 공 부한다더니 (자전거 있을 현관 돌아보며) 자전거 사주구 / (하 다가? 자전거가 없다)
장수	(쫀다)
엄마	(장수 보며 황당해서) 너 자전거 어쨌어.
조모	(현관 쪽 보며 O.L) 어어 어째 자전거가 안 보인다?
엄마	잃어버렸니? (빽)
아빠	(O.L의 기분) 아 왜 제대루 알지두 못하면서 도끼눈부터 떠. 자 전거 경호 하루 빌려줬어 .
엄마	? (남편 보는)

아빠	(E) (아내 위에) 내가 빌려주랬어. 제일 친한 친구가
아빠	자전거 좀 배워 보겠다는데 그걸 안 빌려줘? 그럼 나쁜 놈이지. (조모 돌아보며) 안 그래요 어머니?
조모	나쁜 놈이지지이. (숟가락 입으로 올리며) 친군데에.
엄마	… (시어머니 잠시 보다가 그만두고) 나만 악질이니까 아무튼 이 집에서… (먹다가 문득 새삼스레) 고장 내키면 어쩔 거야.
아빠	고치면 되지.
엄마	우리 돈 들여서?
아빠	니 저금으루 고쳐. 고쳐까지는 못 줘.
장수	네 알았어요.
엄마	쯔쯔쯔쯔쯔쯔. 못살어 내가.
조모	(화제 돌리려는 듯) 오징어 데치구 잡채 무치구 삼겹살 보쌈하구 또 뭐가 있냐.
엄마	빈대떡하구 전 쬐금 부치구요.
조모	어 그래 참.
엄마	찌개루 하나 국으루 하나. (남편 보며)
아빠	(찌개 뜨며) 찌개 찌개. 이거 얼마나 맛있어. 국 안 먹어. 찌개 루 해.
장수	잡채하구 빈대떡 좀 많이 하세요. 경호 갖다주게.
엄마	어이그어이그 그저어 / 내가 말을 말어야지.
조모	으흐흐흐흐. (손자가 기특해서 엉덩이 두드리며)

S# 26 주방

엄마 (씻은 그릇에 마른행주질하며) 죽을 때 죽더라두 수술이나 받 어봤으면 한다네요 어머니…

조모 (나물 다듬으며) 그렇지이. 죽기에는 아까운 나이지이.

엄마 (잠깐 돌아보는 듯했다가 도로 행주질하며) 그러니… 병수발 에 그 집두 전세가 월세가 되구 대학 다니던 큰애 / 학교 그만 두구 노동판 다니면서 보태두 숨이 차다는데… 수술비 들이밀 라면 가게밖에 내놓 게 없대요… / 가겔 내노면 남은 식구들은 어떻게 먹구사냐구요. (그러더라구요)

조모 (한숨처럼) 어떻게 뭐 먹구 사나아… 뭐니 뭐니 해두 그저 식구 중에 아픈 사람 없이 건강한 게 행복 중에 제엘 큰 행복이지.

엄마 그럼요 어머니.

조모 *쯔쯔쯔쯔쯔*. 야단났다 그 집은…

엄마 이제 그만 들어가 쉬세요. 어머니 병나시겠어요.

조모 다 됐다아아… (한숨처럼)

S# 27 베란다

아빠 (난간에 두 팔 올려놓고 담배 태우며 아래 내려다보는) …

장수 (같이 내려다보다가 아빠 보는) …

아빠 (맛있게 빨아서) 푸우우우… (내뿜는)

장수 우리 빚 얼마나… 많이 졌어요?

아빠 ? … (보며) 왜… 건 알아서 뭐 할려구.

장수	아니이… 빚도 졌는데 컴퓨터 사구… 꼭 안 사도 되는 건데 미안한 생각이 들어서요. (아빠 보며)
아빠	인마. 다 알어서 해. 빚졌어두 / 엄마랑 아빠가 다 갚을 수 있을 만큼이니까 쓸데없는 걱정 할 것 없어. 니 엄마가 어떤 사람인데 빵꾸나게 빚지구 컴퓨터 사주구 그래. 어럼 칠푼어치 없는 소리 하덜덜덜 마라 엉? (하며 빨아들인다)
장수	(씨익 웃고 다시 아래 내려다보며) 그럼 안심이고요.
아빠	푸우우우우 아아아 담배두 내 집에서 피는 게 더 맛있다는 거 예전엔 미처 몰랐네.
장수	(아빠 올려다보며) 건강에 이롭지도 않은 거 / 뭐가 그렇게 맛있어요.
아빠	흐흐 글쎄 말이다. (하며 하늘로 고개 치켜드는)
장수	끊으면 엄마가 되게 좋아하실 텐데.
아빠	별 나왔다 장수야.
장수	(고개 치켜들며) 서울에 별은 니리끼리이 / 껌벅껌벅… 다 병들었어요. 아빠랑 낚시 가는 데 별은 빤짝빤짝 똑똑하고 건강한데.
아빠	그래… 공해가 심각해…… (문득 아들 보며) 더 높은 층이었으면 좋았을걸 그랬지?
장수	아빠는… 할머니 어떡하구요.
아빠	? 할머니 뭐.
장수	만약 엘리베이터가 고장 났을 때 할머니가 시장에서 돌아오셨

다 그럼 어떡해요. 걸어서 올라오셔야 할 텐데 십층 십이층 그럼
…

아빠   아아아… (알겠다)

장수   (아래 내려다보며) 우리는 사층인 게 할머니 위해서 아주 다행
인 거예요.

아빠   (좋은 눈으로 아들 보며) … (빙그레)

장수   (아래 내려다보는 채) 사층 정도면 쉬면서 쉬면서 올라오실 수
있거든요.

아빠   아들아.

장수   ? (아빠 돌아본다)

아빠   (아들 머리에 손 얹으면서) 그런 생각이 어디서 나니. (머리 흐
트러트리며) 요기 / 요기서 나오는 거야?

장수   사실은 제 생각이 아니구 엄마가 그러셨어요.

아빠   ? … 뭐?

장수   나중에 집값 많이 받는 건 더 위층이 좋은데 / 힐머니 위해서
는 아래층이 낫다구요.

아빠   어쩐지이이 / 에이 / 깜박 속았잖아… (머리 가볍게 치면서)

장수   (웃으며 아빠 허리 안고 달라붙는데)

      (E) 전화벨 소리 / 거실에서 /

아빠   들어가. 엄마 바뻐.

장수   (후닥닥 거실로)

아빠   (베란다 바닥에 놓아두었던 재떨이 집어 올리는데)

S# 28 거실

장수 (뛰어 들어와 전화 받는다) 네에 안녕하세요… 어, 경호니? 나야 나. (들어오는 아빠 잠깐 돌아보며) 엉… 엉… 그으래? (펄쩍) 진짜? …진짜 안 넘어지고 탈 수 있어? …

S# 29 공중전화

경호 (자전거 잃어버릴까봐 한 손으로 붙잡고 서서) 진짜 안 넘어지고 탈 수 있다니까? (누가 안 붙잡아줘두?) 안 붙잡아주구우우. 야 누가 붙잡아주니? 붙잡아줄 사람도 없다 야. 나 혼자 연습했어… 으응 우리 아빠네 공장 마당에서… 근데 너 니네 엄마한테 혼 안났니? … 자전거 빌려줬다구.

S# 30 거실

장수 어어… 아아니? 잘했다 그러시더라. 우리 엄마가 친구끼리는 그래야 하는 거래. (엄마 주방에서 나오는 것 힐끔 돌아보며) 안 그러면 나쁜 놈이래.

엄마 갖구 놀아라 갖구 놀아. (상 아래서 냄비뚜껑 끄집어내며) 고장 내키지 말구 잘하라 그래.

장수 어 아냐. 내일은 나 탈 시간 없으니까 니가 밤중까지 타. 월요일에 학교 끝나고 내가 니 집에 같이 가서 가져오께. 그럼 되지 뭐.

엄마 (주방으로 들어가다가 ?해서 돌아본다)

장수 괜찮아 괜찮아. 실컷 타. 실컷 타버려 까짓 거.

엄마　(입 벌리고 보고)

장수　아냐, 우리 엄마 안 그래 인마. 얼마나 착하신데에 / (엄마 돌아보며) 엄마 그렇죠?

엄마　(눈 째지게 흘기고)

장수　(무안해서 얼른 엄마와 등 돌리며) 야, 너 공중전화 같은데 빨리 끊어. 돈 들어… 엉 그래 월요일에 반갑게 만나자. 엉… 엉. 잘 자. (전화 끊고 엄마 쪽 돌아보면 엄마는 이미 주방으로 들어가고 없다) … (입술이 마르는지 입 벌리고 혀로 입술 핥는다 / 주방 쪽 보면서)

S# 31 아파트 전경 / 밤

S# 32 장수의 방

장수　(컴퓨터 켜놓고 매뉴얼 뒤적이며 주무르고 있다) ……

S# 33 부부의 방

엄마　(아까 남편과 아들이 갖다 쏟아놓았던 옷가지들 정리해서 장에다 넣고 있다) …

아빠　(이부자리는 펴져 있고 / 아주 낡은 화장대 거울 마른걸레로 닦으며) 웬 게 그렇게 많아… 안 입는 건 싸서 어디 필요한 사람들한테 보내줘.

엄마　안 입는 게 어딨어. 다 쓰레기 같아 보여두 아직 버릴 건 없네

	(요)… 세 식구 옷인데 뭐가 많아.
아빠	… (그냥 닦으며) 딴 건 못해두 당신 화장대 하나는 개비할 걸 그랬다.
엄마	거울 멀쩡한데 왜 화장대는 들먹여. 화장대가 뭐라 그러나?
아빠	여자한테 화장대 하나 새 걸루 못 사주구 남이 쓰던 거 얻어서 십 년이니… 가슴이 애려서 그런다.
엄마	어이구 풋 / 감동 먹어 눈물 나네. 듣기 존 소린 암튼… (흘기며) 속아 사는 게 십 년이다.
아빠	속은 게 아니었네 할 날 있을 거다. (아내 앞에 어질러져 있는 옷가지들 걷어내며) 니가 내 깊고 깊은 슬픈 맘을 어떻게 알겠니.
엄마	왜 그래?
아빠	에이구우우 (벌렁 아내 다리 베고 누우며) 사나이 우는 마음을 그 누가 알랴아아아(노래로)
엄마	호… 호호호호 / 새집 사서 이사해놓구 웬 청승이래? (남편 내려다보며)
아빠	미안하다. 여기까지 오는 데 십 년 / 연애 시절까지 합치면 십오 년이다 십오 년.
엄마	아버님 병원비 꼬라박는 바람에 오륙 년 늦었지 뭐. (옷 집어들려)
아빠	(그 손 잡아 들고 만지면서) 방울 같은 마누라 시장에 내보내 이놈 저놈 침흘리게 해놓구.
엄마	(손 빼며 O.L) 방울 같은 마누라 / 늙어서 이제 침은커녕 쳐다보는 놈도 없어.

아빠	이제 그만 자자. (허리에 팔 두르려 하며)
엄마	(밀어내며) 졸리면 먼저 자. 할 일 많어. 낼은 집 치울 시간두 없어. 이 구석 저 구석 오방 난전을 만들어놓구 손님 쳐?
아빠	아무 데나 쑤셔너면 되잖어.
엄마	일야 두 번 일. 자라구 먼저어. (자라는데 왜 그래)
아빠	(밀쳐지면서 일어나 앉은 자세. 방바닥 두 손으로 짚고 앉아서) …… (아내 보는)
엄마	… (벌써 옷가지들 잰 손놀림으로 챙기는)
아빠	… 숙자야.
엄마	(안 보는 채) 왜 그러셔. 왜 은근하게 불러. 뭐 하자구.
아빠	그만 자자아아.
엄마	아이구 참 할 일이 태산이라니까아?
아빠	(그러는 아내 한꺼번에 안아 쓰러트린다)
엄마	아으 아으 갤갤갤갤 / (간지러워서 밀어내며) 아우 왜 그래애 애애. (때리며) 어머니 아직 안 주무셔어어어… (밀어내나가) 이이가? 아이 이이가 정마알?
아빠	가만 좀 있어! (좀 위협적으로)
엄마	?
아빠	생전 처엄 내 이름으루 된 내 집야. 그냥 잘 수 없잖아!
엄마	아으아으.
아빠	어제두 그냥 자구 오늘두 그냥 자구 싶어 당신은?
엄마	핑계가 없다 핑계가 없어. 아이구 몰라. (내맡기는) 잡어먹어

그래… (잠시 가만있다가 얼굴 피하며) 들어오는 길루 수염이 나 깎지. 따거 죽겠네… 가만 잠깐 있어봐.

아빠　뭐야 또.

엄마　이게 무슨 소리야?

　　　(E) 장수 방에서 들리는 게임 음악소리.

아빠　누구네 음악 틀었어. (하고 도로 들러붙는)

S# 34 장수의 방

장수　(신나게 게임하고 있다) ……

　　　현란한 화면과 음악소리.

장수　… (몰두해서 하다가 문득 입 벌리고 탁상시계 본다) …… (콧구멍 속으로 손가락 하나 넣어 후비고 컴퓨터 끄는)

S# 35 조모의 방

조모　(작은 방에 짐 정리는 다 됐고 쭈그리고 앉아 걸레질하고 있다)

　　　(E) 노크.

조모　? 누구냐.

장수　(들어오며) 뭐 하세요?

조모　걸레질하구 이제 잘 참이다.

장수　(할머니가 들고 있는 걸레 빼내서 문께 던지고) 다리 펴세요.

조모　으흐흐흐흐 그래. (하고 다리 펴는데 아파서) 아으으으으 (우두둑 소리가 날 거 같다)

장수	특히 더 아프실 거예요. (벌써 다리 꽉꽉 주무르기 시작하면서) 할머니 일 많이 하셔서.
조모	아으 아으으으 시원하다아아 (하며 손자 머리로 손이 올라가고)
장수	파스 있지요?
조모	그럼 있지.
장수	삼십 분 주물러드리구 파스 갈아드리께요.
조모	삼십 분씩이나?
장수	많이 아프시니까요.
조모	흐흐흐 삼십 분씩 필요 없다. 십 분만 해. 십 분만 해두 돼.
장수	그럼 이십 분요.
조모	그래 그럼 십오 분.
장수	하하 네에…
조모	아이구 잠깐 비켜라. (한쪽 엉덩이 들며)
장수	(코 막고 비키면서) 알았어요.
조모	(부앙 방귀 꾸고 / 손으로 냄새 쫓는)
장수	(같이 쫓는)
조모	미안하다.
장수	에이 아니요오.
조모	(장수 엉덩이 두드리며) 으흐흐흐흐

S# 36 마루 / 잠시 사이 두었다가

엄마	(안방에서 조심스레 나와서 욕실로)

S# 37 욕실

씻으려고 플라스틱 대야에 물 받아 바닥에 놓고 꿰춤 올리는데.

장수   (펄쩍 들어온다)

엄마   (기겁을 해서) 아이구머니나 / 야아!

장수   ? (이상해서 보는)

엄마   노크를 해야지 노크으. 간 떨어져 죽을 뻔했잖어. (야단치는)

장수   바닥에다 오줌 눌라구요?

엄마   노망 났어? 왜 바닥에 눠?

장수   엄마 지금…

엄마   뭐 하러 들어왔는데. 얼른 볼일 보구 나가.

장수   (그래도 좀 이상하면서 변기 앞으로)

엄마   안 자구 있었어?

장수   오늘 밤 샐 거예요. (소변 보기 시작하며)

엄마   왜.

장수   컴퓨터요.

엄마   아따 공부를 그렇게 하면 얼마나 이쁠까.

장수   컴퓨터도 공부예요. (공부만 공부가 아니에요)

엄마   많이두 참았네. 오줌 참으면 병 되는데 왜 그렇게 참어.

장수   (플러시하려 손 대며) 잊어버렸다 (하는데)

엄마   놔둬 놔둬. 엄마가 하께. (돌아보는 아들) 물 애껴야지. (아들 잡아 문께로 밀듯 하며) 물값 엄청 나올 거 같어 얘.

장수   안녕히 주무세요.

엄마	응 너두 잘 자.
장수	(나가고)
엄마	큰일 날 뻔했네. (하고 괴춤 다시 올리는데)

S# 38 안방

아빠	(누웠다 몸 일으키며) 어 왜.
장수	(E) 컴퓨터 고맙습니다 아빠.
아빠	어 고맙다니 고맙다 그래.

S# 39 거실

장수	안녕히 주무세요.
아빠	(E) 잘 자라 아들아.
장수	(씨익 웃으며 돌아서는 데서)

S# 40 아파트 광장 / 오전 9시쯤

장수	(비닐봉지 양손에 / 한쪽에는 두루마리 화장지 서너 개 / 한쪽은 두부, 달걀, 대파, 소주 다섯 병 등등 / 바람처럼 달려 들어와 아파트 입구로)

S# 41 거실

장수	(뛰어 들어오며) 엄마아 / 돈 모자라서 휴지 세 개밖에 못 샀어요!

엄마   (E) 어 그래. 수고했어.

아빠   (거실에 텔레비전 위치 다시 잡으면서 꿍얼거리는) 밤낮 모자라 밤낮.

S# 42 주방

장수   (들어와 시장 본 거 싱크대에 아무렇게나 쿵쿵 놓으며 숨차서 시끈거리는)

조모   (송편 빚으며) 또 계단으루 왔어?

장수   아니에요. 슈퍼에서 집까지 뛰어왔거든요. (하며 돌아서다가) ? 떡두 해요?

엄마   추석에 남은 떡가루루 쬐끔만 하는 거야. 솔잎두 넘겨됐거든.

장수   나는 깨송편이 존데.

엄마   깨는 못하구 콩이네 여보게.

장수   에에에.

아빠   (E) 장수야!

장수   네에. (하고 뛰어나간다)

S# 43 거실

아빠   (텔레비전과 값싼 노래방 기계 / 마이크 들고) 아아 마이크 시험 중 마이크 시험 중. 제대루 나오냐?

장수   나오는데요?

아빠   이거 너무 오래 안 건드려서 될래나 모르겠다.

장수	노래방두 할 거예요?
아빠	우리나라 사람 모이면 노래잖아.
엄마	(E) (주방에서) 점심 먹는데 무슨 노래방이야.
아빠	고스톱보단 낫잖어.
엄마	(E) 딴 집에서 시끄럽다 그럼 어떡해.
아빠	한밤중에 잠 못 자게 하는 것도 아닌데 누가 뭐래. (노래방 기계 조작하며)
엄마	(E) 이제 찍힌다 /
아빠	괜찮아. 소리 크게 안 하면 돼… (반주 나오는 / 화면 뜨고 / 혼잣소리처럼) 다 그러구 사는 거지 뭐. 얼마쯤 참아주구 또 참게 만들구 그게 이웃이야. 사나이 우는 마음 그 누가 아아랴아아아… (장수는 그저 웃으며 보고)

S# 44 주방

엄마	(조모 잠깐 햘끗 보며) 저 사나이는 밤낮 울어 왜. 뭐 울 일이 그렇게 많어서.
조모	노래두 나이 먹네… 줄었다.
엄마	줄었어요?
조모	아 목소리가 얼마나 청아하구 좋았는데…
엄마	? (가당치도 않다)
조모	(E) 그 뭐냐 조 뭐시깽인가 하는 녀석보다 더 좋았잖냐 애비 청이.

엄마	아이그 아이그 어머니도 차암. 아무리 자식 앞에 바보 아닌 사람 없다지만 저이 청이 어디 아으 아으 / 갖다 붙일 데다 붙이세요. 조 뭐시깽이 난 뭐 별루 좋아두 안 하지만 그 청에 비교할 청은 아니네요 애비가.
조모	왜 쌍지팽이여? 나한테는 내 아들 청이 조 뭐시깽이보다 백 배는 낫다.
엄마	어머니두 암튼… 알었어요. 우기자 작정하셨으면 누가 당해요. 으흐흐흐흐 .
조모	으흐흐흐흐흐 / 됐다. 앉히자. (송편 손 터는 / 바닥에 준비해 두었던 콩알만 한 작은 시루 당겨놓고 솔잎과 송편 앉히기 시작) …
엄마	… (보고 있다가) 어머니.
조모	? … (왜)
엄마	아무래두 김치찌개가 좀 걸리네요오?
조모	또 돼지고기 김치찌개 내는 게 좀 그렇지?
엄마	에…
조모	그렇더라구.
엄마	? 생각하셨었어요?
조모	사람 머리 다 비슷비슷해.
엄마	그럼 왜 암 말씀 안 하셨어요.
조모	내가 무슨 언권 있는 사람이냐? 돈주머니 찬 며느리 무서워 어디 입을 뻥끗할 수가 있나.

엄마	어유어유 참 어머니두. 누가 들으면 참말인 줄 알아요.
조모	<u>으ㅎㅎㅎㅎ</u>.
엄마	(불끈 일어나며) 얼른 갔다 오께요. 생태루 하죠 어머니.
조모	애 장수 데리구 내가 갔다 오면 안 되까?
엄마	? 왜요? 뭐 살 거 있으세요? 말씀하세요. 제가 사오께요.
조모	아냐. (끄응 일어서며) 그제 어제 바깥 구경을 못했더니 갑갑 증이 나서 그래. 콧구멍에 바람 좀 넣구 들어와야겠다.
엄마	흐훗 그러세요 그럼. (주방 나가며) 쉐타 걸치구 나가세요. 감 기 들어요.
조모	오냐 알어서 하마. (싱크대로 손 닦으러 가며)

S# 45 거실

장수	(마이크 들고 약간 지난 아이들 노래 부르며 펄쩍거리고 뛰고 있고)
아빠	(같이 손뼉 치며 장단 맞주고 있는네)
엄마	(나오다가 질색) 야야 뛰지 마 뛰지 마 인석아아! 아래층에서 고옴방 뛰어 올라온대애.
아빠	누가 뛰어 올라와아. (노래는 자동적으로 정지되고)
엄마	아래층 사람. 서너 살짜리 애들이 뛰어두 득달같이 애들 좀 뛰 지 말게 하라구 쫓아온다는데 어이구 어른까지 같이 펄쩍펄쩍 / 철 좀 나요. (안방으로 들어가며) 아파트에 사는 게 그게 젬 병이래!

아빠	… (들어가는 아내 보다가) 아파트 팬히 왔다. (장수 보며)
장수	그러네요.
조모	(주방에서 나와 자기 방으로 가며) 장수 뭐 겉옷 걸쳐라. 할미랑 시장 가자.
장수	또요?
조모	(자기 방으로 들어가며) …
아빠	뭐 또 빠트린 거 있어요?
엄마	(돈 들고 나오며) 생태찌개 할려구 그래. 암만 해두 돼지고기 보쌈에 또 돼지고기 김치찌개 너머 성의 없는 거 같아서.
아빠	생태찌개 조오치.
장수	조오치. (하며 아까 슈퍼에서 들어와 벗어놓았던 상의 집어들어 입는데)
	(E) 현관벨 소리.
엄마	? 당신 손님 벌써 오는 거야?
아빠	아냐아. 아직 시간 안 됐는데 무슨…
장수	(O.L 벌써 현관으로) 네에 누구세요오?
화정	(E) 고모다. 문 열어 빨리. 고모 바뻐.
장수	(부모 돌아보며) 고모신데요? (문 열고 꾸벅) 안녕하세요?
화정	(들어서며) 생각보다 단지가 꽤 괜찮아 보이네? 꼭짝꼭짝 할 줄 알었는데.
엄마	(비위 상하고)
아빠	어 괜찮아, 아주 괜찮다 얘.

화정	아는 척 좀 합시다.
엄마	오셨어요?
화정	(주방 들여다보며) 뭐 무슨 날이유? 웬 떡시루가 다 나와 있어?
아빠	아 우리 회사 사람들 / 비번인 친구들 점심 먹으려구.
화정	(주방에서 떨어져 안방으로 가며) 경기 존가부네요. 집 사 이사하구 파티두 다 하구.
아빠	파티는 야 무슨 파티 흐흐.
화정	(안방문 열어보며) 가구두 좀 바꾸지. 어차피 빚 지구 이사하는 거.
엄마	(무슨 말인가 하려는데)
조모	(자기 방에서 나온다)
엄마	(그만두고) 고모 오셨어요 어머니.
조모	… (얇은 목도리 매면서 안 보는 채) 바쁜 사람이 어떻게 틈을 냈냐.
화정	그러잖어두 바뻐서 앉을 새두 없어. (핸드백 열어 봉투 두 개 꺼내 하나 엄마에게 내밀며) 엄마 용돈.
조모	… (받으며) 고맙다.
화정	(나머지 봉투 올케에게 내밀며) 뭐가 필요한지 몰라서 그냥 봉투 만들었어요. 보태 써요…
엄마	(쓰게 웃으며) 안 그래두 되는데요.
화정	받어요 시간 없어요.

엄마	(받으며) 잘 쓸게요.
고모	(오빠에게) 그럼 나 / 가요. (현관으로 가며) 장수 너 공부 잘하니?
장수	잘하지는 못하구 하던 대루는 해요.
화정	(픽) 영감 같은 녀석. 하던 대루 하면 어떡해 더 잘해야지. (신 신으며)
아빠	뭐가 그렇게 밤낮 바쁘니.
화정	지난번에 산 밴이 속썩여 미치겠어요. 중고찬 사는 게 아닌데 말 안 듣구 사더니 이게 사흘돌이루 길에서 퍼져버려… 그땐 차 팔아먹은 놈 멱살잡이하러 가는 길야. 엄마 나 가요. (현관문 열며)
조모	어이 가.
화정	(나가고)
조모	쯔쯔쯔쯔… 에이구우… (현관으로 움직이며) 장수야 가자.
장수	네…
	조모와 장수 나가고.
아빠	…… (가라오케 끄고 마이크 치우면서 묵묵히)
엄마	… (보다가 고모가 주고 간 봉투 풀쑥 내민다)
아빠	…?
엄마	당신 가져.
아빠	… 왜 그래…
엄마	열어보구 열받기 싫어. 당신 써. 얼만가 말하지두 말어. 말 안

해두 아니까.

아빠 …… (보며)

엄마 빨리 받어어?

아빠 (봉투 받아 주머니에 아무렇게나 넣으며) 태생이 그런 걸 어떡
하니… 그러지 마. 똑같은 사람 돼.

엄마 (주방으로 들어가며) 마루 걸레질이나 해줘. 걸레질하구 깨끗
하게 빨아놓구. 걸레 화장실에 있어.

아빠 알었어. (벌써 움직이며)

엄마 (돌아보며) 오만 원 들었음 많이 들었을 걸? 차를 두 대씩이나
굴리면서 어머니 용돈 이만 원 주는 사람이니까.

아빠 (화장실로 가다가 돌아보며 좀 열받아서) 언젠 그 덕에 살았
냐? 그러려니 하면 되지 시끄럽게 말이 많아.

엄마 (아무 소리도 못하고 주방으로)

아빠 (화장실로)

S# 46 화장실

아빠 (들어와 세면대 아래 있는 깨끗하게 빨아 담겨진 걸레 그릇 들
고 돌아서려다가 문득 걸레 그릇 세면대에 놓고 주머니의 봉투
꺼내 알맹이 꺼내본다 / 만 원짜리 다섯 장… / 쓴웃음. 용하네
/ 기막힌 년이네)

S# 47 시내버스에 오르고 있는 조모와 장수

S# 48 버스 안

장수   (할머니 잡고 올라타 움직이며) 아저씨 쪼꼼 있다 출발하세요.

       우리 할머니 자리잡으면 출발하세요.

기사   (돌아보며) 허허, 그래 알았다 이눔아.

학생   (얼른 일어나며) 여기 앉으세요 할머니.

조모   아이구 고마워요 학생.

장수   고맙습니다아.

학생   (장수 보고 웃으며 끄덕이고)

장수   복 받을 거예요 형.

학생   뭐?

장수   복 받을 거라구요. 그렇죠 할머니.

조모   그러엄 복 받구말구.

학생   네에 감사합니다. 하하하 너 웃기는 놈이구나.

장수   몇 학년이세요?

학생   고삼.

장수   후우 고삼… 도서관 가세요? (맑게 올려다보며)

S# 49 수산시장

조모   (생태 고르고 있고) …

장수   저게 더 큰 거 같은데 할머니.

조모	? 어떤 거? 요거?
장수	아니 그 옆에 거요.
장사	아유 다 비슷비슷해요 할머니. 고만 좀 주물러요.
조모	? … 주무르긴 누가 주물렀다 그래.
장사	다 비슷비슷하다구요.
조모	… (다시 고르며) 댁에 눈에는 비슷비슷해두 내 눈에는 안 그렇소. 비슷해 보여두 더 실한 게 있구 덜한 게 있지 무슨 말이야.
장수	할머니 조거요 조거. (에서)

S# 50 수산시장 출구

두 사람 손잡고 걸어 나오며.

조모	… 자아아 생태는 샀구우… 아이구 무를 사야지 참. 잊어버릴 뻔했네. 무 사러 가자 무. (방향 돌리는)

S# 51 큰길 / 선닐목은 아니고 / 건널목에시 십여 미티 멀어진 곳 약국 근처 길

두 사람 오고 있는 / 무도 샀고.

조모	… (두리번거리며 이것저것 구경하는… 장수에게) 할미 잠깐 약국에 들어갔다 나올 테니까 넌 여기 있어.
장수	파스 살려구요?
조모	그래 파스가 다 됐어. (하며 돌아서는)
장수	같이 들어가요.

조모　약국 냄새 싫다면서 그냥 여기 있어. 금방 나올 텐데 뭐.

장수　… (보다가) 그럼 그러세요.

조모　금방 나오께. (하고 불편한 다리로 약국으로 돌아선다)

장수　… (잠깐 보다가 할머니 쪽으로) 할머니 그거 주세요. 제가 들고 있을게요.

조모　? (봉지 들어보고) 그럴래? 그래 그럼. (생선과 무 봉지 손자 주고 약국으로)

장수　(할머니 들어가는 것 보다가 지나가는 늘씬한 미니스커트 다리에 시선이 따라가는) … (보다가 / 바지 주머니에 손 넣으며) 쥑인다. (혼잣말처럼)

S# 52 약국 안

조모　(파스 봉지 들고 서서) 글쎄 까닭없이 요 며칠 여기가 (귀 위쪽 머리) 뜨끔뜨끔하면서 머리두 뻑뻐억한 게 영 개운치를 않구 그러네요.

약사　심하세요?

조모　자다가 깜짝깜짝 깨요.

약사　소화는 잘되세요?

조모　글쎄, 소화두 시원찮은 거 같구우…

약사　할머니 혹시 혈압 재본 일 있으세요?

조모　평생 병원하구는 담 쌓구 살었수. 건강해요.

약사　혈압 좀 재보시죠. (혈압기 꺼내) 이리 잠깐 들어오세요.

조모	혈압까지 잴 건 없구 / 머리 개운해지는 약이나 지어줘요. 내가 아주 바뻐요 지금.
약사	시간 많이 안 걸려요 할머니. 얼른 들어오세요. 이 분이면 돼요 이 분이면.
조모	아 그건 재서 뭐 해. 약이나 지어 달라니까…

S# 53 약국 앞

장수	(생선 봉지 들어 냄새 맡아보며 찡그리고 / 무 봉지 들어 냄새 맡아보고 이번에는 안 찡그리고 / 다시 생선 봉지 들어 냄새 맡고 하는)
	달려오던 택시 앞으로 어떤 할머니가 지나치면서 순간 택시 할머니 피하면서 휘이익 인도로 뛰어든다.
	지나던 행인 / 어억 / 어머나 / 어어어어 / 피하는데.
	튕겨져 떨어지는 장수와 시장 봉지들.
	지나던 행인들 – (모두 얼어붙고)

S# 54 인도로 뛰어든 택시 안 운전대

호철	(입도 눈도 다 벌어져서) …… (그러고 있는데)
행인	(느닷없이 유리 밖에 나타나 유리 두드리며) 이거 봐 이거 봐. 뭐 하구 있어 애 쳤어! 빨리 나와! (소리친다)
호철	(그 상태 그대로) …
행인	빨리 나와보라니까 뭐 해. 빨리 안 나와?

호철　(그제야 넋 빠진 사람 모양 슬로모션처럼 택시에서 내리기 시
　　　작하는)

S# 55 자동차 밖 인도

행인　(내리는 호철에게) 미친 놈 아냐 이거. 멀쩡한 길 놔두구 왜 인
　　　도루 뛰어들어! 당신 운전 얼마나 했어!

여자　(행인의 일행) 왜 자기가 흥분하구 이래애.

행인　빨리 경찰 불러 경찰 / 경찰 어딨어!

다른 남자　경찰두 경찰이지만 응급차 먼저 불러야지…

다른 행인　응급차 부를 새가 어딨어요. 택시 잡아야지.

다른 행인　택시 잡을 거 뭐 있어요. 택시 있는데!

S# 56 약국 안

약사　역시 혈압이 좀 높으세요. 할머니 병원 가셔서 진찰 제대루 받
　　　으시구 (하는데)

약국 청년　(밖에서 들어오며 / O.L) 사고 났는데요?

약사　? 무슨 사고.

조모　?

청년　택시가 길루 뛰어들었어요.

조모　아이구 저런. 그래 누가 다쳤수?

청년　예, 사내애가 치었어요.

조모　? (순간 / 혹시나와 설마) … (후닥닥 일어나 나가며) 장수야…

S# 57 약국 밖

조모   (나오며 장수 찾는) 장수야 장수야아! … (이미 잔뜩 몰린 구경
꾼들. 조모… 겁내하면서도 그쪽으로 주춤주춤 다가가 한꺼번
에 화악 헤집고 들어선다)

장수   (호철이 안아 올리고 있는 깨끗한 장수)

조모   (뒤집어진다 달려들며) 장수야 장수야아! (호철이 안고 움직이
려던 참이다. 장수 뺏어 내리며 바닥에 퍼지른다) 장수야 아가.
장수야 (뺨 때리며) 할미다 정신 차려 정신 차려 이 자식아. 장
수야! 장수야아?! 이게 무슨 일여 이게 무슨 일여어! 장수야 장
수야? (마치 잠든 아이 어거지로 일으켜세우려 하는 것처럼 겨
드랑이 아래 두 손 넣어 일으키려 하며) 아가 일어나, 정신 차
려 (완전히 척 늘어진 장수) 장수야. 장수야 이눔아아아아! 이
눔아아아아…

행인   (흥분했던) 흔들지 마세요 할머니. 혹시 뇌를 다쳤을지두 모르
니까 흔들지 마시구 얼른 병원으루 데리구가세요.

조모   (버럭 O.L) 그런 말 말어!! 뇌를 왜 다쳐 뇌를! 아이구 누가 우
리 애 좀 병원에 데려다줘요. 누가 차 좀 잡아줘요 빨리이이이.
(하다가 한 무릎 꿇고 앉아 있는 호철 본다) ? 니눔이냐? … 니
눔이야? … 이런 죽일 눔. 전생에 무슨 웬수가 졌길래 이눔아
멀건 대낮에 이런 사고를 쳐 이눔아아아! 이눔아 이눔아… (호
철 패기 시작하며)

S# 58 헤드라이트 켜고 클랙슨 마구 누르며 달리는 호철의 택시

S# 59 차 안

호철　(핸드폰 들고 기다리고 있는… / 호철 등 뒤로)

조모　(장수 안고 얼굴 만지며) 장수야 장수야. 내 강아지야 응응응 응응.

호철　(허탈하고 기막힌) ……

S# 60 아파트 거실

아빠　올라와 올라와. 올라오세요 제수씨. 여보오… 명미 엄마두 오 셨는데?

엄마　네에 나가요오. (낭랑하게)

S# 61 사고 현장

　　　행인들 발길에 채여 흩어져 있는 토막 난 생태와 무 봉지.

제 2 부

S# 1 병원 응급실

인턴   (만년필형 랜턴으로 동공반사 확인 / 경동맥 만져보면서) 인투
        베이션 준비하고 신경외과 선생님 (하다가 돌아보며) 선생님,
        여기 좀 와보세요. (간호사 대답하며 움직이고)

신경외과 레지던트 4년차 (다른 환자 차트에 오더 내고 있다가 다가오며) 무슨 환자야?

인턴   티에이 환잔데요, 퓨릴 리플렉스 없고 레스퍼레이션 없습니다.

조모   (어쩔 줄 몰라 그저 이 의사 저 의사를 시선으로 쫓는)

레지4   (장수 어깨에 베개 밀어넣어 목 꺾이게 만들면서) 비피는 /

간호사1 60에 40입니다.

레지4   (인투베이션 하면서) 씨티실에 연락하고 18게이지로 아이브이 루트 잡고 / 오디더블류 오백 달아줘요.

간호사1   네.

레지4   (인턴에게) 에이비지에이 하고 폴리 껴줘요. 이케이지도 끼고.

인턴   예.

간호사1은 커튼 치고 아이브이 준비하러 간호사실로 /

간호사2   (마우스피스에 거즈 한 번 감아 레지던트에게)

레지4   (마우스피스 장수 입에 끼우고)

간호사2   (라링고스코프(유아용) 레지에게)

레지4   (받아서 장수 입에 집어넣으며 기도 확인하고 간호사2가 건네 주는 엔도 튜브 기도로 집어넣는다)

간호사3   할머니… 할머니.

조모   (자기 부르는 것 모르고 있다가) ? 에?

간호사3   이쪽으로 오세요 할머니.

조모   (장수가 영 못 미더워 돌아보고 돌아보고 하면서도 그쪽으로)

간호사3   이름이 뭐예요?

조모   고고고고복순.

간호사3   ? (이상해서 잠깐 보고) 아니 환자요 할머니. 환자 이름요.

조모   (차 있던 울음이 터지려 하며) 자 / 장수 / 이장수우우.

호철   (출입문 쪽에 서서 할머니 쪽 보며 얼굴이 우그러진다)

간호사   (E) (적으며) 몇 살이에요? (호철 위에)

조모   (E) 열 살 / 열 살이라우… (징징거리듯 울며)

호철   (못 견디겠는 심정으로 돌아서 나가는 위에)

간호사   (E) 전화번호는요. 전화 있으시죠? (에서)

S# 2 응급실 밖

호철   (나오면서 허탈) ……

S# 3 아파트

엄마   (먼저 왔던 동료 부인과 함께 음식 내러 주방에서 나오면서)
아우 어머니 어떻게 되신 거야 여보. 찌개 앉혀야는데에.

아빠   (자리 잡고 앉아 술 권하다가) 급할 거 없어. 급할 거 뭐 있어
먹을 거 많은데.

손님   예 급할 거 없어요 형수님.

엄마   (제가 들고 온 음식 자리잡고 / 부인네 접시도 받아 놓으면서)
차린 건 없어두 맛있게 드세요. (모두 적당히 대답)

부인   (앉으면서) 송편까지 찌면서 뭘 그러세요. 야코 죽세에.

엄마   호호호 야코는 /

아빠   (O.L) 여보 김치 좀 더 갖구와 김치. (거의 다 빈 김치그릇 집
어 내밀며) 뭐니뭐니 해두 우리 한국인은 맛있는 김치면 끝이
야. 하하. 다른 거 다 필요 없다구. 안 그래? 안 그래들? (모두
한마디씩 거드는데)

(E) 전화벨 울린다.

아빠   어 여보 전화.

엄마　　 (이미 전화로 움직이며) 네 가요. (에서)

S# 4 병원 응급실 앞

택시가 입구에서부터 미친 듯이 들어와 멎고 / 정신없이 뛰어
내려 응급실을 찾는 반은 정신이 나간 장수의 부모.

S# 5 응급실

부모　　 (들이닥친다) …

이미 처치는 다 돼 있는 상태 / 굵은 줄 수액 꽂혀 있고 / 소변
줄도 달려 있고 산소호흡 인턴 하나 엠브하고 있고.

조모　　 (처치하고 있는 간호사 / 엉거주춤 서서 울음을 억제하고 있
는) …

엄마　　 장수야 장수야아. (달려들면서)

간호사2 (막으며) 안 돼요. 가족분들 복도로 나가주세요.

간호사2 (E) (아빠 위에) 나가서 대기해주세요.

아빠　　 … (그저 아이 쪽 보는) … (짧게 / 황당하기 짝이 없는)

(E) 아빠 위에 전화벨 울리고 /

엄마　　 (E) (간호사에게 밀리면서도 / 다른 간호사 전화 받는 것과도
상관없이) 장수야 엄마 왔어. 장수야 장수야? 장수야?

간호사　 (E) 네에… 네, 알겠습니다. 아저씨 / (응급실 화이트가운 아저
씨 /) 이장수 환자 씨티실로 내리래요.

S# 6 응급실 앞

문이 활짝 열리고 장수의 운반침대 빠른 속도로 나온다. 의사
/ 간호사. 이동가능한 산소통으로 교체 / 화이트가운 아저씨가
침대 밀고 인턴 엠브하면서 따라붙고 / 레지4년차 환자 상태
보며 따라붙고 /

조모	(잡을 듯 따라나오며) 아이구 어디 가니 어디루 가는 거야아아아.
아빠	(어머니 잡으며) 머리 / 사진 찍으러 가는 거예요 어머니.
엄마	(밀차 붙잡고 허둥지둥 따라가고)
조모	어떤겨? (두리번두리번 / 따라 나오던 의사 가슴 붙잡고) 내 새끼 어떤규. 내 새끼 어떤 거냐구우우.
레지4	예에… (하고)
조모	(버럭) 아 답답햐. 말을 좀 해요 의사 양바안!
아빠	(어머니 잡으며 O.L) 진정하세요 어머니.
레지4	(아빠 보며) 뇌에 충격이 워낙 심해서… 힘들 거 같은데요.
아빠	…… (미동도 안 하고 의사에게 시선 못 빅은 채) …
조모	? (의사와 아빠 번갈아 보며) 무슨 말여? 힘들어? 뭐가 힘들어?
아빠	(어머니 안으려)
조모	(뿌리치며) 얼마나 힘드는데… 얼만큼 힘든다는겨 으응?
레지4	… 거의 가망이 없다는 말이에요 할머니.
조모	(후욱 혼이 빠져나가는 듯한) ……
레지4	(빠르게 침대 따라 아웃) …

아빠	…… (역시 훼엥한 느낌인데)
조모	(가만히 / 중얼거리는 거처럼) 무슨 개코같은 소릴 하냐 저 사람. (아들에게) 손두 뜨듯하구 발두 뜨듯하구… 정신만 못 차리지 다친 데가 없는데… 깨끗하게 다 말짱한데 무슨 귀신 씻나락 까먹는 소릴… (하다가 털썩 주저앉으며 기절할 듯)
아빠	(달라붙으며) 어머니 / 어머니 / 여보세요! 여보세요!!
조모	무슨 귀신 씻나락 까먹는 소리여 이게에 응응. 무슨 소리여 그게에에… (아들 가슴에 머리 묻고 우는데)
경찰	(화면 안으로 들어와 응급실로 들어가려다 돌아보며 / 사복 - 정복을 안 입는다고 합니다) 혹시… 이장수 어린이 가족 되십니까?
아빠	(어머니 안은 채 안 보며) 예… 예 그래요.
경찰	신고 받구 나왔습니다. **경찰서 교통사고 조사계에 있는 ***입니다. 걱정이 많으시겠습니다. 환자 상태가…
아빠	(O.L) 의사하구 얘기하슈. (안 보고 조모 꼬옥 안아주며 눈 지그려 감고) 우린 몰라요.
경찰	(응급실 안으로 들어가고)
조모	<u>으흐흐흐흐흐</u> 아빠 울지 마시구요. 힘 빠져요. 네?
보험회사 사고처리원	(밀차 나올 때부터 조금 떨어진 곳에 서 있다가 다가서며) … 실례합니다. 보험회사에서 나왔습니다. (하며 명함 꺼내는데)
아빠	(들은 척도 않고 그저 조모만 다독거리면서) 장수 / 깨나요 엄마. 그눔이 어떤 눔인데요. 걱정 마세요. 깨나요 깨날 거예요.

조모	그려. 으흐흐흐⋯ (울며 웃으며) 어떤 눔인데⋯ 어떤 눔인데⋯ (일어날 것이라는 희망으로 진정하려 애쓰면서)
아빠	(끄덕이며 어머니 흐트러진 머리 만져주는)
보험	얼마나 기가 막히세요. 뭐라구 위로의 말씀을 드려야 할지 모르겠습니다만 / 병원비라든지 그 외 처리에 대해서는 아무 걱정 마시구⋯ (에서)

S# 7 머리 CT 촬영 중인 장수

S# 8 CT실 앞 복도 (의자가 있든가 / 의자가 없는 게 낫습니다)

엄마	(쪼그리고 앉아서 손수건 배틀면서 시선 한곳에 고정하고 부들부들 떠는) ⋯⋯
조모	(며느리 옆에 쭈그리고 앉아서 / 기진한 / 표정 없는 얼굴에서 눈물만 줄줄줄줄) ⋯⋯
아빠	(서서 아내와 어머니 보며) ⋯⋯ (어머니 쪽으로 디가가 보다가 쭈그리고 앉으며) 저하구 잠깐 나가요, 어머니.
조모	(멀거니 아들에게 고개 돌리는) ⋯ 어디이⋯

S# 9 경찰서 안

진술조서 받고 있는 호철.

경찰	(타이핑하며) 운전 경력이 얼마나 되나요?
호철	팔 팔십오 년부터 지금까지⋯

경찰	… (대답 타이핑하는 시간 두었다가 / 타이핑은 계속하면서) 사고 당시 승객은 몇 명이나 태우고 있었어요.
호철	아무두 없었어요. 너머 피곤해서 집에 들어가 자려구… 아무두 안 태우구 있었어요.
경찰	(타이핑 멈추고 보며) 혹시 술 마시지 않았어요?
호철	아니 아니에요. 술은 일하는 눔이 대낮에 술은…
경찰	그럼 졸았어요?
호철	…
경찰	졸았죠… 그렇잖으면 차도 놔두구 왜 인도루 뛰어들어요.
호철	예 그게… 졸지는 않았던 거 같은데… 모르지요 잠깐 깜박했을 지두…
경찰	… 했을지두라뇨.
호철	그게… 할머니를 미리 봤어야 하는 건데… 못 봤어요. (시종일관 시선 떨어트리고) 봤을 때는… 이미 늦었구… (한 손 이마로 올라가며) 할머니 피한다구 한 게 그만…
경찰	…… (보다가 혼자 타이핑 꽤 길게 하고 나서) 그 할머니는 어디 갔어요?
호철	? … (좀 멍해서 보다가 납득하고) 아아… 모르지요. 그건 몰라요.
경찰	(타이핑 / 간단하게 하고 보다가) … 상태가 별루 안 좋다 그러든데, 만약 영 잘못되기라두 하면 아저씨 어떡할 거예요. (안타까워서)
호철	… (얼굴 우그러지며) …

경찰	어어이 / 조심 좀 하시지 십오 년 무사고가 이거… (말 못 잇고)
호철	내 잘못이에요. 내가… 못 봤어요. (얼굴 우그러지며)

S# 10 병원 구내식당

아빠	… (두 여인 가만히 보는) …
조모	(눈 내리깔고 고개 옆으로 약간 기웃한 채) …
엄마	(할머니 옆에 시선 멀거니 저만큼 던지고) …
아빠	… 어머니 (하고 무슨 말인가 하려는데)

탕 종류 식사 2인분 놓여진다.

아빠	(두 여인에게 밀어놓는데)
엄마	(조금 찡그리며 고개 트는) … (지금 밥이 넘어가나)
아빠	(아내에게) 그래두 먹어야 해… 안 먹으면 어떡해. (해놓고 어머니에게) 드세요. 드시구요, 정신 차려 굳세게 버티세요… 그래야 해요. 여기다 어머니까지 맥 놓구 탈나면… 저 돌아요. … (보다가) 예?
조모	…… (그대로)
아빠	그리구… (손끝으로 이마에 진땀 문지르면서) 어머닌 집으루 가 계세요.
조모	(시선이 아들로)
아빠	(E) 어머니가 여기 계신다구… 달라질 거 없어요. 그러니까 (안 보는 채) 집에 가서서… 집이나 좀 치우구… 그냥 집에 계세요. 제가… 수시루 연락하께요.

조모	왜 쫓을라구 하는겨?
아빠	(보며) …
엄마	(원망이 다소 섞인 시선으로 시모 보며) 어머니까지 병날까봐 그러는 거예요. (그래도 남편 거드는)
조모	(고개 흔들며) 싫다아. 저눔 대신 목숨 내노라면 나 두말 안 하구 내놔. 집엘 으떻게 가 집을에… (울음 섞이는)
아빠	…… (보는)
조모	에이구우우우 내가 미친년이지… 뭐 잘났다구 기어 나가서는…
엄마	(울음 작게 터트리며) 제가 나간다구 했잖어요, 그러니까아…
조모	그러니까 말이다 / 그러니까 말이다아아아.
아빠	… (어머니 보며 목울대가 한 번 움직이고) 건너가는 길 아닌데서 건넜어요?
조모	(고개 저으면서) 건너기는… 사람 다니는 길에 세워놓구 잠깐 약국에 들어갔는데… 고사이에… 택시가 반은 올라와 있더라.
아빠	? 인도에요?
조모	그려… 그려 인도에… (하고 있다가 문득) 아이고 이눔 도망갔다 애비야. 이눔 도망갔어. 도망갔어.
아빠	도망 안 갔어요.
조모	(그려? 그랬어? 멍하니 아들 보는 데서)

S#11 동네 가까운 시장통 같은 곳 거리

차순   (만삭이다) … (반은 뛰듯이 / 당황한 기색이 역력한 /)
....

S# 12 어느 포장마차 안

차순   (들어와서 소주잔 놓고 앉아 있는 남편 보며) …… (숨차하며)
…

호철   (소주잔 내려다보며)……

차순   … (보다가 호철 옆에 무너지듯 앉으며) 도대체 왜 그렇게 말
을 안들어요오오오. 잉잉잉잉잉.

호철   (안 돌아보는 채 정신 나간 듯 그냥 소주 집어 단숨에 털어넣
고 다시 따르는)…

차순   일 나가지 말구 잠이나 자라니까 말 안 듣구 기어이 나가드니
이 노릇을 어떡해애.

호철   (자기 앞에 놓였던 소주잔 아내 앞에 옮겨주며) …

차순   어디를 얼마나 다쳤는데요오.

호철   잔 하나 더 주세요.

여인   아, 만삭에 무슨 술야.

호철   한 잔쯤은 괜찮아요. 주세요.

여인   쯔쯔쯔쯔쯔 (하며 소주잔 하나 더 놓아주며) 어째 그렇게 여편
네 말들을 안 들을라구 하까 내 집 물건이나 남의 집 물건이나
응? 여편네 말 들으면 뭐가 떨어져?

호철	허 / 예 그러네요.
여인	(소주병 집어 자기가 따라주며) 초상 치구 올라와 일은 뭐 하러 나가 운전대 잡는 사람이. 항우장사야?
차순	(남편 원망스레 보며) 얼마나 말렸는지 몰라요오.
여인	…… (딱해서 호철 보다가) <u>쯔쯔쯔쯔</u> 운수가 불길하면 그래. (오뎅솥으로 가며) 운수 불길할라구 여편네 말 안 들었지 그저. (오뎅 국물 뜨며) 그렇게 돈 벌어서 뭐 / 빌딩 살려구? 만든다구… (하며 훌쩍 마신다)
여인	(오뎅 대접 차순 앞에 놓아주며) 에이구우 돈이 웬수다 그저. (안주거리 만지던 곳으로 가며) 그눔으 돈이 웬수야.
차순	어디를 얼마나 다쳤어요.
호철	살면… 기적일 거 같아.
차순	(설마 했다가 눈이 커진다) ? ……
호철	(안 보는 채) 응급실에서… 의사들… 애 다루는 거 보니까… 살 거 같지가 않어. (울음 비어져 입이 비틀어지며)
차순	…… (같이 입이 비틀어져 황당해서 남편 보다가… 남편 머리 안으며) … 어떡해요오… 우리 어떡해애애애.
여인	(일하다 손 멈추고 두 사람 보는)
호철	(아내 어깨 만지며)… (아내 안 보는 채) 일 생기면 나는 바루 구속이니까. 너 혼자… 애 낳아야 해.
차순	(더 달라붙으며) 나 혼자 어떻게에… 나가지 말랬잖아요오오오오 (울음 터뜨리며)

호철   하아아아아… 지금 니가 문제가 아냐… (아내 조금 밀어내듯 하며) … 열 살짜리래… 자알… 생겼어. (하며 한 손으로 눈 가린다)

S# 13 응급실 복도

대기하고 있는 아빠와 엄마. 각각 아무 말 없이 한동안 있다가.

엄마   (문득 돌아보며) 나가서 담배라두 하나 펴.

아빠   ……(안 보는 채) 괜찮아.

간호사1   (문 열고) 이장수 보호자분 들어오세요.

부부   (동시에 일어선다)

간호사1   (조금 미안해하며) 한 분만 들어오세요. 아빠가 들어오시는 게 좋겠는데요.

아빠   (잠깐 아내 돌아보고 들어간다)

엄마   … (문 보며 무슨 소리를 하려고 하나)

S# 14 응급실

아빠   (들어온다)

간호사1   저기 저쪽 선생님한테 가보세요. (인턴 하나 장수에게 엠브를 하고 있고)

레지4   (형광 패널의 장수 필름 보고 있다 잠깐 돌아보며) 이쪽으루 오세요.

아빠   (그쪽으로)

레지4	이게 좀 전에 찍은 이장수 어린이 필름인데요 / 상태가 아주 안 좋습니다. 여기 보시면 이게 / 피가 고여 있는 겁니다. 이것 때문에 환자가 의식이 없고 스스로 호흡을 못하는 거예요.
아빠	(필름을 봐도 뭐가 뭔지 모르는)
레지4	(E) (아빠 위에) 이 출혈이 계속 뇌를 누르면 이쪽 부분 뇌는 죽고 맙니다. (아빠 얼떨떨한 얼굴로 의사에게 고개가 / 그럼 어떡한다는 거냐) 이걸 빼주고 출혈을 멈춰줘야 하는데 한시가 급한 수술이고 부모의 동의가 있어야 합니다.
아빠	(희망) 그럼 / … 괜찮아지나요?
레지4	수술 후 환자상태가 지금보다 좋아질지 나빠질지는 장담할 수 없습니다만, 어쨌든 지금 상태로 그냥 두면 살 가망은 거의 없습니다. 저희들로서는 일단 고여 있는 피를 빼주고 지혈시키는 게 급선무고 / 그담에 환자상태가 좋아지도록 최선을 다하는 거지요.
아빠	(끄덕끄덕 / 눈동자가 헤매면서)
레지4	빨리 수술 들어가야 합니다. / 당장 결정을 해주셔야겠는데요.
아빠	(O.L) 무물론 해야죠. 수술해야죠. 해요 합니다. (보며)
레지4	예, 그럼 그렇게 알고 준비합니다. (빠르게) 저기 간호사실로 가셔서 수술승낙서 쓰시고 (간호사에게) 여기 이장수 오피 퍼미션 받으세요. (간호사 움직이는 것과 상관없이 / 레지1년차에게) 쉐이빙하고 수술 오더 빨리내.
아빠	(간호사실로 움직이며 돌아보는 위에)

레지4	(E) 수술방은 내가 알아보께.
레지1	(E) 예 알겠습니다. (차트에 수술 오더) /
레지4	(장수 살피며 차트 훑으면서) 엔에이씨엘 검사결과 독촉하구 블러드 5파인트 준비해주구요. (하며 나가고)
레지1	(면도날 반으로 쪼개서 반쪽을 가위처럼 생긴 헤모스테이트에 끼우는)
간호사	(장수를 수술복으로 갈아입히는)

S# 15 응급실 안 / 간호사실

아빠	… (수술승낙서 앞에 놓고 후들후들 떨리는 손으로 쓰고 있다)

S# 16 응급실 앞 복도

아빠	(나온다) …
엄마	? (보고 다가가며) 뭐래? (흥분은 가라앉고 두려움)
아빠	(안 보는 채) … 수술해야 된대. 승낙서 쓰구 나왔어. 머리에 피가 고여서 누른대.
엄마	… 머리 까는 수술?
아빠	(끄덕이는 듯 마는 듯)
엄마	(아빠 잡으며) 그럼 지장 없대? 팔다리 사지육신 지장 없대?
아빠	해봐야 알지. (아내 손에서 벗어나며) 담배 피구 들어오께… (두어 걸음 가다 돌아보며) 어머니 좀 들여다보지 그래… (하고 되돌아선다)

S# 17 신경외과 중환자 가족대기실

조모   (두 다리 쭈욱 뻗고 맥없이 기대어 앉아… 다른 환자 가족 / 같은 또래 할머니 상대로 / 시선은 저만큼 바닥에 던지고 중얼중얼 / 중얼중얼) 애덜 신경쓰까봐… 어디가 시원찮다 그러면 / 애들 맘 쓸까봐 혼자 가만히 약 사다 먹을라구… (한숨 호흡 내쉬면서) 시장 가는 길에 약국 들리러 나갔는데… 손자놈 따러 들어오면 또 즈 에미 애비한테 꽈바치지 싶어 길에 세워놓구… 혼자 들어갔는데… 그동안에 그만 /

할머니   쯔쯔쯔쯔쯔쯔

조모   (벽에 기댄 고개 조금 틀어 할머니 보며) 맥은 어떻게… 누가 편찮은규…

할머니   일 당하지이 싶어요.

조모   쯔쯔쯔쯔쯔 (고개 정면으로 틀며) 에이구우우우우 사는 거 참 힘들두 들다아아… (탄식처럼)

할머니   (구겨진 손수건 펴면서) 힘들어요오오오. (한숨 섞어)

S# 18 병원 뒤뜰 같은 곳

아빠   (담배 태우고 있다. 구부리고 앉아서 / 속이 타는 / 빠아악 빨아들여 내뿜고 빠아악 빨아들이는 / 손가락이 탈 정도로 다 탄 담배) …

S# 19 응급실 복도

아빠 (고개 떨구고 터덜터덜 들어오는데)

응급실에서 나오고 있는 장수의 이동침대.

아빠 (급히 그쪽으로)

엄마 (움직이는 침대 옆에서 침대 가장자리 붙잡고 종종종 따르며) 세에상에 이게 무슨 꼴야 이 자식아. 이 꼴이 뭐야 그래 이눔아아. (야단치듯) 낫게 해주신댔어. 믿어. 괜찮아. 자신을 가져 장수야. 자신을 가져 자신을 가지라구!

S# 20 병원 전경 / 인서트 / 밤

S# 21 수술방 밖 복도

수술방 벽에 붙어 있는 시계 / 오후 8시경 / 환자 이름 푯말 / 꼼짝 않고 쪼그리고 앉아 있는 엄마와 의자의 조모...

엄마·조모 … (한 프레임에)

아빠 (바닥 내려다보며 서 있다가… 몇 걸음 걷다가 의자로 움직이다 아내 보는) … 올라앉어… 엉?

엄마 (올려다본다)

아빠 올라앉어. 다리 안 안퍼?

엄마 (고개 내리며) 내 다리 같은 거 썩어 문드러져두 좋아. 수술만 잘되면.

아빠 (보다가) 참 속두 썩인다. 어머니두 당신두 / (뭔가 좀 격한 말

하려다가 그만두고 / 부드럽게) 올라앉아. 의자 두구 힘들게

굴지 좀 마… (아내 슬그머니 일어서는데 / 어머니 보며) 어머

니두요. 대기실루 가세요. 가서서 쉬세요 제발… 예?

조모 (아들 올려다본다)

아빠 여긴 저 혼자 지켜두 돼요… 어머니 보기 제가 아주 답답하구

힘이 들어요. 예?

조모 (시선 피하며) 알었어 그래… 쪼꼼만 있다가 가께… 쪼꼼만…

쪼꼼만…

아빠 … (보며)

조모 푸우우우우… (수술실 시계 보며) 왜 이렇게 오래 걸려어. 지

레 죽겄다…

(E) 빠른 발소리가 다가와 화면 안으로 들어오며.

화정 대체 이게 무슨 날벼락이유우? (오빠 보며) 의사 뭐라 그러는

거유? 수술하면 살릴 수는 있대요?

조모 살리자구 하지 죽이자구 햐 그럼? (좀 화났다) 즌화한 게 봐 은

젠데 이제야 오는거. 박서방은 뭐 하구 혼자 와.

화정 (엄마 옆으로 앉으며) 박서방 어디 잠깐 들렀다 와요. 그리구

애들 저녁 안 챙겨 먹여요? 저녁 챙겨 먹이구 치우다 보니까

이렇게 됐네 뭐.

조모 한 끼 굶겨 안 죽어. (외면하며) 중국집은 됐다 뭐 하구 그놈들

은 라면두 못 삶어 먹어?

화정 황당한 건 알겠는데 왜 나한테 화를 내요. (달래듯) … (보다가

어깨 안으려 하며) 엄마.

조모   (딸 손 털면서) 싸가지 읎는 거.

화정   (좀 뒤틀려 보며) …

조모   (일어나며) 에에이 싸가지 읎는 거… (하며 간다)

화정   … (뒤틀리며 일어나 보다가) 어디 가는 거예요! (엄마에게)

조모   (대답 없이 가고)

화정   나 빨리 안 온다구 삩었수?

엄마   (어이없고 미워서 입 벌리고 보고)

아빠   (들은 척도 않고 수술방 시계 본다) …

화정   (핸드백 의자에 놓고 앉으려다가) 아 여기 화장실이 어디예요. 너무 참았네. 어디지?

엄마   (안 보는 채) 오던 길루 나가다가 왼쪽으루 꼬부라지면 있어요. (의자로 움직이며)

화정   (혼잣말처럼) 싸겠다. (빠르게 반은 뛰면서 아웃)

엄마   …… (의자에 앉으며) 뭐 하러 부르서.

아빠   (잠깐 아내 보고 그만두는데)

수술방에서 나오는 인턴 하나. (빠른 걸음)

엄마   (벌떡 일어나고)

아빠   (달라붙듯) 끝났나요?

인턴   (가면서) 아직두 멀었어요.

엄마   (펄썩 주저앉으며) 아우-우-우-우-우.

아빠   … (입이 쓰다) 담배 피구 들어오게. (하며 움직이는)

엄마	담배보다두 뭣 좀 먹어… (가는 남편에게)
아빠	…
엄마	고모랑 나만 두구 나가면 어떡해…
아빠	(못 들은 척 나간다)

S# 22 병원 로비 / 승강기 타고 내리는 곳

아빠	(승강기에서 내리는 위에)
호철	(E) (황당한 소리) 수술 중이라는데 / 뇌수술이랜다. (울 듯한)
아빠	(시선 무심하게 그쪽으로)
차순	(E) 아우 그럼 어떡해애… 제대루 / 딴 사람 얘기 아닌가? 장수라는 애 확실해요? 제대루 알아봤어요?
아빠	? (움직이다가)
차순	(E) 확실하냐구요.
호철	(부부 승강기 조금 떨어진 위치에 마주 서서) 내가 바보야? (좀 화내는)
차순	… (남편 보며) 어떡해… 어떡해요오.
호철	환장하겠다 증말…
차순	그냥 갑시다… (남편 잡아끌듯) 만나지 말구 그냥 가자구요. 만나봤자 봉변이나 당하지
아빠	(그 화면에 들어서며) … 나 만나러 왔소? (상당히 허탈한)
호철부부	?(아빠 본다)
아빠	내가 이장수 애비요. (호철부부 질리고) …… (나직이) 니가 내

아들 저렇게 만든 놈야?!

호철 서 선생님.

아빠 이 자식! (주먹으로 모질게 얼굴 갈겨 나가떨어지게 하며) 너 운전 어떻게 배워먹었어 인마아!!

차순 (나가떨어지는 남편에게 달라붙으며) 여보. 여보오!

아빠 (벌써 부르르 달려들어 멱살 잡아 올리며 / 차순 – 아ㄱㄱㄱㄱㄱㄱ) 너 이 개자식 / (마구 흔들며) 운전대 잡구 무슨 지랄하다가 내 자식 송장 만들어놔 쌍놈아!!! (하며 머리가 깨지게 박치기 해버리며 놓는다)

호철 (싸쥐면서 나가떨어지고)

차순 (남편에게 달라붙으며) 말루 해요 말루! 때리지 말구 말루 해요 아저씨이이! (아빠에게 반발하는)

호철 가만있어 가만있어. (하면서 쓰러진 자리에서 비틀거리며 몸 일으켜 무릎 꿇으면서) 주 죽을죄를 졌 졌습니다 선생님. 마음대루 / 마음대루 하세요. 죽이신대두 할 말 (목이 막히며) 할 말 없어요. 할 말 없어요.

차순 (얼른 같이 무릎 꿇고 싹싹 빌며) 잘못했어요. 우리가 잘못했어요. 네⋯ 이이가 아버지 초상 치르구 강원도서 와 갖구 /

차순 (E) (식닥거리는 아빠 위에) 하루두 못 쉬구 바루 일 나갔다가 이렇게 된 거예요오. 이이가 외아들이에요 아저씨.

차순 (남편 어깨 두 손으로 잡고) 여형제 하나두 없구 딱 혼자 외아들요.

차순 (E) (보는 아빠 위에) 시골 초상 아저씨두 알잖아요. 눈 한 번 못 붙이구 혼자 다 치르구 와서는 잠을 너머 못 자서요. 잠이 모자라서요… (급기야는 울음이 터진다) 응응응응응. 응응응 응응.

아빠 (고개 돌려 외면하는) …

S# 23 병원 마당 어느 장소

차순 (추워서 팔짱 끼고 서서 저어쪽 남자들 쪽 보며) ……

두 남자 / 벤치 양쪽에 떨어져 앉아서. (두 사람 한 프레임에)

아빠 … (딴 데 보며)

호철 … (고개 떨구고 앉아)

아빠 후루루루루루루 (한숨 쉬며 주머니에서 담뱃갑 꺼내며) 나중에 어떻게 합의라두 쉽게 잘봐볼려구 와이프까지 데리구 온 모양 인데……

호철 (아빠 보는 / 고개 틀어)

아빠 어림 팔 풀어치두 없는 소리 마쇼… 합의 못 봐. (하며 담뱃갑 입에 올려 한 대 입술에 무는데)

호철 그런 잔머리는… (외면하며)

아빠 (호철 본다)

호철 안 굴렸어요… 애를 그 지경 만들어놓구 어떻게… 나 빠져나갈 궁리부터 하겠어요. 그저… 사람 도리루… 온 거예요.

아빠 … (보다가 담뱃갑 내민다)

호철	(고개 저으며) 안 펴요.
아빠	(담배 집어넣고 라이터 불 붙이고) 부인 데리구 가쇼… 가서… (내뿜으며) 다시는 나타나지 말어요.
호철	(돌아보는)
아빠	애 에미나 할머니나… 또 나나… 전부 다 환장을 한 사람들인데… 좋은 꼴 볼 거 없으니까.
호철	(외면하며) 맞어죽어두 싸요. 괜찮아요.
아빠	(호철 보며) 몇째 애요?
호철	? (했다가) 처음이에요.
아빠	… 어째… 늦었네.
호철	… 늦게… 갔거든요…
아빠	…… (허탈하게 앞 보면서) …
호철	? …
아빠	(담뱃갑 넣으며) 집에 가 못 잔 잠이나 자요… 여기는 다시 나타나지 말구… (앞 보며)
호철	(아빠 돌아보고 있는) … (눈물 떨어질 듯하며) …
아빠	… (그대로) ……

S# 24 수술실 복도

화정	(팔짱 끼고 앉아 팩 돌아보며) 뭐가 고까와서 그렇게 팩해요?
엄마	(같은 의자에 떨어져 앉아서) 이사하구 너머 흥분했더라니 / 내가 흥분해서 애 잡었다는 거예요 뭐예요.

화정	(어이없어 입 벌리고)
엄마	평생 첨 집장만해서 이사했는데 흥분 안 해요? 것두 아버님 병 수발에 전셋집 월셋방으루 줄여 앉았다가 산 집인데 / 흥분 안 해요?
화정	옛말에 호사다마라구 했어요. 좋은 일에는 반드시 마가 낀다구요. 너무 요란하게 좋아좋아 안 했으면 이런 일 안 생겼을지두 모른다 / 그게 뭐가 그렇게 발끈할 말이냐구요.
엄마	어찌 됐거나 간에 애가 죽네 사네 저러구 있는데 고모 기껏 할 소리가 그거밖에 없냐구요. (울음 차오르며) 그래요. 나 고모같이 잘나지를 못해서 너머 좋았어요 좋아했어요. 으ㅎㅎㅎㅎㅎ (얼굴 두 손으로 가리며)
화정	… (보다가) 그만둡시다… 말을 맙시다.
엄마	(그냥 소리 죽이려 애쓰며 우는)
화정	그렇게 금방 집들이 안 하면 어때서. (혼잣소리처럼)
엄마	(울며) ……

S# 25 아까 그 벤치

| 아빠 | (혼자 소주병 기울여 비우고 있다) …… (병 비우고 한참 동안 우두커니 저편 어둠을 보고 있다가 / 이윽고 무겁게 일어나 움직이기 시작한다) …… |

S# 26 병원 로비

아빠   (병원문 밀고 들어와 승강기 쪽으로 움직이는)

S# 27 승강기 안

아빠   (링거 꽂은 채 휠체어에 앉아 있는 청년 환자물끄러미 보며)

       …

S# 28 수술실 복도를 들어오고 있는 아빠

S# 29 수술실 앞에 앉아 있는 엄마

아빠   (다가와서 옆에 앉으며) 애는… 갔어?

엄마   (안 돌아보는 채) 몰라…

아빠   푸우우우우. (숨 내뿜는)

엄마   (울먹한 채 돌아본다) …

아빠   (안 보는 채) 소주 한잔 / 했다.

엄마   (고개 도로 앞으로) 잘했어…

아빠   (팔 돌려 아내 안는)

엄마   (안기며 작은 울음 터지는) 내가 너무 흥분해서 들떴기 때매 이런 일 생긴 거래 여보.

아빠   … 무슨 말야.

엄마   집 사 이사한 거 너머 좋아해서어.

아빠   누가 / 화정이가?

엄마   (안긴 채 끄덕이는)

아빠   그런 거 아냐. 쓸데없는 생각 할 거 없어… 그런 거 아냐.

엄마   아냐 여보. 그런지두 몰라아… 응응응응응.

S# 30 중환자 가족대기실

조모   (옆으로 꼬부리고 누워서 질질질 눈물만 흐르는) ……

화정   … (내려다보고 앉아 있다가 속상해져서) 이러다 노인네 잡겠
네… 이제 그만하구 가서 뜨거운 국물이라두 좀 드십시다 응?
… 생으루 이렇게 굶구 있음 어떡해. 죽을 거유?

조모   …… (상체 일으켜 손 뻗어 두루마리 화장지 끊어 눈물 훔치며)

화정   (엄마 건드리며) 엄마… 엄마 응?

조모   … (손 밀어내며) 박서방인지 안서방은 왜 안 오는겨.

화정   올 때 되면 오겠지이. (볼일이 있으니까)

조모   (O.L) 대한민국 볼일 혼자 다 보고 댕겨?

화정   … (보다가 달래듯) 납품 한 구멍 더 뚫는다구 접대하러 갔어
요오.

조모   (한숨 푸우 섞어서) 그래… 벌어라. 꾸역꾸역 벌어 떼부자 돼
잘 먹구 잘 살어라.

화정   … (보다가) 뭐 좀 먹읍시다 응?

조모   (도로 피시시 쓰러지며) 하루 굶어 안 죽어.

화정   … 어이구 참 속 썩이네에… (하고 엄마 보고 있는데 / 핸드폰
울린다 / 백에서 꺼내 받는다) 네에… 뭐예요? 왜 안 오구 전화

예요?

S# 31 어느 호텔 객실

박서방 야 이거 쉽게 안 끝나서 미치겠다. 줄듯 줄듯 하면서 확답은 안 하구 술만 디리 푸면서 계산 무섭게 올리구 있어. 일차 끝내고 이차 가자 그러는데 조카 죽게 생겨서 병원 뛴다 그럴 수두 없구 말야 여보 / 다 된 밥에 오줌 갈길 일 있냐? (욕실에서 타월 감고 나오는 여자 돌아보며 팔 뻗으며) 글쎄 말야. (달라붙는 여자 안으며) 아아 질겨서 돌겠다 돌겠어. 어떡하지?

S# 32 가족대기실

화정 할 수 없죠 뭐. 자리가 그런 걸 어떡해요. 장수 이렇게 될 거 알구 스케줄 잡은 것도 아니구… (엄마 흘겨보는 눈)

S# 33 병원 전경 / 밤

S# 34 수술실 복도

의자에 앉아 있는 엄마와 조모… 서성거리는 아빠.

S# 35 수술실 복도 시계 / 새벽 1시

시계 아래 문이 열리며 수술 닥터와 그 외 두세 사람 나온다. 의자에서 벌떡 일어나는 엄마와 조모. 그리고 아빠. 누구도 선

뜻 입을 못 연다.

닥터(신경외과) 할 수 있는 한 최선을 다했습니다. 현재로선 상태두 괜찮구요.

조모 (다 낫다는 소리로 들린다) 아이구 아이구우우… (하며 부처한
테 절하듯이 / 엄마도 희색)

아빠 (조모와 함께) 감사합니다. 수고하셨습니다, 선생님.

닥터 신경외과 중환자실루 올라(내려)갈 겁니다. 환자는 우리가 지
켜보니까 가족대기실에 가 눈 좀 붙이구 쉬세요. 할머니 이러
시다 병나세요. 어서 모시구 올라가세요. (하며 움직이는)

엄마 저기 / 저기 언제쯤 깨날까요 선생님.

닥터 글쎄요… 지켜보십시다… (하며 가고)

엄마 (아빠와 조모 쪽 애매하게 돌아본다) …

S# 36 아파트 전경 / 낮

S# 37 아파트 거실

엄마 (상의 음식 그릇들 쟁반에 옮기다가 푹 주저앉으며) 장수야…
장수야아아아아아… 장수야 장수야야아아아아…

S# 38 안방

아빠 (옷 갈아입다 멈추고 고개가 마루로) ……

엄마 (우는 소리)

아빠 (문으로)

S# 39 거실

아빠 (나와서 엄마 옆으로 / 안아준다)

엄마 (안기며) 어ㅎㅎㅎㅎㅎㅎㅎㅎㅎㅎ

아빠 (토닥이는) ……

엄마 어으ㅎㅎㅎㅎㅎㅎㅎ 응응…

아빠 ……

엄마 (몸부림치면서) 안 깨나구 뭐 하구 있는 거야 이 망할 자시이 이이익 / 닷새나 지났는데에에에에 / 닷새가 갔는데에에에에…

아빠 … (더 안으며) 당신은 좋겠다 맘놓구 울 수가 있어서…

S# 40 중환자실

인턴4 (반응 체크하고 있다 / 무반응 /)

조모 (이제는 눈물도 말랐다 / 장수 팔 주무르며) 아가… 장수야. 눈 좀 떠봐라… 눈 좀 떠봐라 이눔아 응?… 할미여. 눈 띠. 눈 떠 이눔아아아…

레지4 (나가고)

조모 장수야… 장수야 장수야?

S# 41 임상 검사 받고 있는 장수

S# 42 신경외과 외래진찰실

닥터 (패널에 걸린 뇌사진 설명) 여기 이렇게 뇌 전체가 검정색이잖습니까. 이건 뇌 전체 기능이 거의 없다는 걸 뜻해요.

엄마아빠 (위에)

닥터 (E) (패널에서 떨어져나오며) 유감스럽지만 회복 가능성이 없습니다.

닥터 마음의 준비를… 하시는 게 좋을 듯합니다.

엄마 (아빠 팔 움켜잡으며 아빠 보고)

아빠 저기… (아내 잡아주며) 저기 기적이라는 것도 있잖습니까. 몇 년씩 누워 있다가 깨나는 사람두 있구.

닥터 앉으세요. (부부 앉고 / 닥터도 앉으면서) 어떤 치료로도 회복이 불가능해요.

엄마 숨을 쉬는데요. 몸두 따듯하구요.

닥터 맥박 호흡 혈압 체온 / 그건 지금 인공호흡기루 일시적으루 유지하는 겁니다. 인공호흡기 떼면 그걸루 그만이에요.

엄마 (횡하니 남편으로 고개 돌리고)

아빠 … (멍하니 의사 보는)

닥터 좀 더 자세하게 설명드리자면 장수는 지금 순전히 인공호흡기에 의존해서 인위적으루 연장하고 있는 거지 생명의 징후가… 전무합니다.

엄마 (우그러지고)

아빠 (의사에게서 시선 내리는)

닥터	외부 자극에 전혀 반응 없는 깊은 혼수죠 / 눈도 이미 풀려서 확대 고정돼 있죠 / 뇌간반사 전혀 없죠 / 자발호흡 자발운동 없죠 /
엄마	수술했는데요 선생님. (수술했는데 왜요!)
아빠	(아내 좀 제지하며) 그럼… 그럼 어떻게 되는 겁니까.
닥터	인공호흡기에 의존하는 채 그대로 치료를 계속한대도 길어야 이 주 정도예요. 신장 간장 췌장 모든 장기가 기능을 멈추게 되면서 결국 심장 정지까지 가서 사망하는 거죠. 뇌사는 사망이나 같은 거예요.
아빠	… (입 꾸욱 다물고) ……
엄마	이럴 수는 없어. 이럴 수는 없어. 여보… 이럴 수는 없어!

S# 43 중환자실

조모	일어나라 일어나라 장수야. (중얼중얼) 일어나라 일어나라 일어나라.
경호	(주춤주춤 들어온다) …
	병상의 장수.
경호	(장수 보고 멈춰 서며… 얼굴이 우그러지며 소리 없이 울기 시작한다) ……
조모	(눈 감으며) 일어나라 일어나라 일어나라. (간절하게 비는)
경호	하 할머니. (작게)
조모	? 이잉? (눈 번쩍 뜨며 / 장수가 그런 줄 알고) 오냐, 그래 장수

야! (하고 보면 손자는 그 모양 그대로) … (입 벌리고 멍한데)

경호   (침대로 다가오며) 장수야.

조모   (돌아보고 축 낙망하고) … 아이구 이눔아 니눔 죽구 못사는
경호 왔다. 눈 좀 떠봐, 이 몹쓸 눔아. 이눔아아아아…

경호   (쿨쩍 쿠울쩍) ……

조모   일어나라 일어나라. 일어나라 일어나라.

경호   (쿨쩍쿨쩍 울기만 한다) …

S# 44 신경외과 외래진찰실 앞

입 틀어막고 소리 죽여 우는 엄마 안고 나오는 아빠.

엄마   (남편 끌어안으며) 으흐흐흐흐흐 으흐흐흐흐흐.

아빠   (꽈악 안고) ……

S# 45 구내식당

커피 앞에 놓고 두 사람.

아빠   … (커피잔 내려다보며)

엄마   (울음은 목구멍 아래로 눌러놓고 입 꾹 다물고 커피잔 내려다
보면서)

엄마   … (그대로)

엄마   (그대로) …

아빠   (시선만 들어 아내 본다)

엄마   … (그대로)

아빠   (시선 내리며) …… 어차피… 당해야 한다니까… 피할 수가 없
        다니까… 어떡하니 (고개 좀 옆으로 틀며) 우리가 무슨… 힘
        이 있어? … 당신하구 내가 뭐… 할 일이… 없잖아.

엄마   (끄덕이는) …

아빠   … 각오를 하자. 별수가 없어… 기어이 떠나 / 떠나겠다는 눔…
        보내줘야지.

엄마   …

아빠   (아내 안 보는 채) … (한 손이 이마로 올라가 눈을 가리며 / 붙
        이는 건 아니고) 나머지 우리 세 식구 다 같이 목 매달구 따라
        죽지 못할 바에야… (울음 섞이며) 정신 차리구 버티자구… 버
        티면서 치르자.

엄마   … (보며)

아빠   (부들부들 떨리는 손으로 커피잔 집어 입으로 올리다가) 흐
        윽… (울음이 터져 버린다) 큭큭큭큭큭큭.

엄마   (눈물만 흐르고 오히려 차분해신 / 남편 측은해서 보면서)
        ……

S# 46 중환자실

        들어오는 부부.

조모   (아이 다리 주무르고 있다가 돌아본다) ……

엄마   제가 할게요, 어머니… (자리 시모와 바꾸고)

조모   (비켜나면서) 경호 왔다 갔다…

아빠	예에…
조모	쿨쩍쿨쩍 울기만 하더라.
아빠	(O.L) 어머니…
조모	… ? … 왜.
아빠	(어머니 손 끌어 잡고… 조금 쓸 듯이 만지다가) 의사 선생님이 그러는데요…
조모	… (아들 입 지켜보는)
아빠	어머니 화정이 집에 며칠 가 계세요. (어머니 보며)
조모	내 걱정은 마. (아들에게서 손 빼며) 내 걱정은 할 거 없어. 장수 눈 뜨는 거 봐야지 어딜 가.
아빠	(O.L의 기분) 장수…
조모	(아들 보는)
아빠	눈 못 뜬대요.
조모	? …
아빠	영원히요… 장수 간대요…
조모	(충격으로 / 표정 변화가 있을 필요는 없음 / 입술만 달싹거리는) …
아빠	벌써… 간 거래요 어머니. … 저기 저 산소호흡기루 어거지루 붙잡아놓구 있는 거래요. 저것만 떼면 그냥… 끝 / 끝이래요.
조모	(아들 옷자락 움켜잡으며) 그래서 저거 떼라 그랬냐? (천부당만부당)
아빠	엄마.

조모	(O.L) 떼렸어?
아빠	마지막까지 안 떼요. 그냥 둘 거예요.
조모	… 쓸데없는 생각 마라… 장수 일어난다… 눈 번쩍 뜨구 할머니 / 나 부르며 일어날겨…
아빠	… (보며)
조모	일어날겨 일어날겨… (침대의 장수 다리 잡아 흔들면서) 이눔아 얼른 눈 떠! / 눈 좀 떠보라구우우우!
엄마	흐윽 / (가슴이 막혀서 숨 끌어들이는) …
간호사	(들어와서 여러 가지 부착된 기계 작동상태 체크하며 적고 환자 상태 살피는) …

S# 47 병원 현관

조모	(박서방한테 잡혀서 강제로 병원에서 끌려 나가는 중) 싫다는데 왜 이라는겨. 싫다는데 왜애애애 이 자식들아아!
화정	(옆에 종종걸음으로 같이 나오다가) 엄마가 있어서 도움된 거 하나두 없어요 글쎄. 오빠두 언니두 다 포기했다잖어.
조모	포기해라 그래 다 포기해. 다 포기해두 나는 못햐. (사위 밀어내고 도로 들어가려 하며) 나는 못햐아!
박서방	(벌써 저만큼 가는 장모 잡으려 뛰며) 아이구 참 장모니이임!

S# 48 중환자실

양쪽에서 아이 내려다보며.

부부	······ (각각 아무 말 없이)
박박사	(들어와 장수 침대로) ··· (환자 보며)
아빠	? (처음 보는 의사다. 그래도 궁뎅이 들고 엉거주춤 일어나는)
박박사	박인철입니다···
아빠	예··· (보며) ··· (얼떨떨한 채)

S# 49 흉부외과 외래진찰실

박박사	(담배 권하는)
아빠	아니 됐습니다.
박박사	··· (담배 물려다 그만두고 담뱃갑 만지며) 제가 이 병원 장기이식팀 / 팀장입니다.
아빠	······ (멍하니 보는 위에)
박박사	혹시··· (기대어 앉지 말 것) 혹시 장기이식에 대해서 들어본 적··· 있으십니까.
아빠	··· (보면서) ··· (들어도 봤었고 무슨 얘기를 할 건지 짐작도 간다) ···
박박사	괴로우신 상황에 이런 얘기를 해야 하는 제 입장도 참 괴롭습니다만··· 장기기증자 나타날 때 기다리면서 하루하루 어렵게 시한부를 살고 있는 환자가 아주 많아요.
아빠	(그저 보며) ···
박박사	혹시··· 종교 있으세요?
아빠	(시선 내리며) 없어요. 그런 거 없습니다.

박박사   (끄덕이고) 우리나라는 뇌사인정두 아주 최근에서야 법제화됐
         구… 또 뇌사자 장기기증에 대한 인식이 아직 일반화돼 있지를
         않아서요. (조금 쓴웃음 지으며) 또 신체발부는 수지부모래서
         그런지 신체 훼손에 대한 거부감두 심하구요.

아빠   그 말 하시려구… 그러는 거 아닙니까?

박박사   아니 주라구는 말 못합니다. 그런 성질의 일이 아니지요. 그
         저… 부모님으로서 혹시… 아드님은 불행하게도 세상을 떠나
         지만… 그래도 완전히 다 헛된 죽음이 안 되도록 / 치료가 힘
         든 다른 환자들한테… 장기를 나눠줘서… 그 사람들한테 새 삶
         을 주는 게 / … 그럴 의사는 없으신가 / 의사를 타진하구 있는
         겁니다.

아빠   … (그저 보며)

박박사   절대로 강요는 아닙니다. 오해하지 마세요.

아빠   (끄덕이며 시선 내리는)

박박사   우리 병원만 해두 장기기증만을 기나리면시 고통스럽게 생명
         연장을 하고 있는 환자 많습니다. 의사로서 그런 환자들에 대
         한 안타까움 때문이라고 이해해주세요… (그대로) … 가는 것
         보다는 / … 한 사람이라두 구해주고 가는 게 / … 아름다운 희
         생이구 / … 더 보람있구 뜻있는 일 아닐까요.

아빠   (시선 들어 의사 보는)

박박사   나는 기독교인이에요. 하나님은

아빠   (O.L / 시선 내리며) 하나님 같은 거 저는 모릅니다. 모르는 사

람이에요. (조금씩 화나기 시작하면서) 그저 날마다 열심히 노동해서 밥 먹구 사는 거밖에는 몰라요. (일어나면서) 병원이라는 데가 / 이렇게 엄청나게 큰 병원이 의사가 수백 명이면서 / 골까지 까구서두 애 하나 살려내지 못하구 (의사 보며) 뭐를 하라구요? … 내 아들 죽는데 다른 사람 목숨이 나랑 무슨 상관이에요 예? 무슨 상관 있다구 내 새끼 배 갈라 오장육부 꺼내간다는 겁니까 예?

박박사 아니 저 진정하세요. 진정하시구… 의사가 없다면 알겠어요. 강요는 아니라구 말했잖아요, 강요는 아니에요 장수 아버지.

아빠 … (식닥거리고 보다가 휑하니 나가버린다) …

박박사 … (한동안 그대로 있다가 일어나 전화로) … (버튼 찍고 기다렸다가) 안 한다는데… 응… 안 하겠대요… 자기 자식 죽는데 남에 생명이 무슨 상관이냐구 / … 글쎄, 시간 끄는 게 좋을 게 없으니까 답답하지… 아직까지는 상태가 그리 나쁘진 않은데 이제부터 나빠질 일만 있으니까 말요.

S# 50 로비를 빠른 걸음으로 나오고 있는 아빠

S# 51 병원 밖

아빠 (빠른 걸음으로 나오고 있다 / 부리부리 화와 슬픔에 / 거의 뒤뚱거리는 것 같은 큰 보폭 빠른 속도)

S# 52 병원 뒤뜰 같은 곳

아빠   (걸어와서 쿵 궁둥이 찧으며 앉으면서 주먹으로 땅 내리치면서)

　　　　…… (콱 / 콱 / 콱 /)

S# 53 병실

아빠   (침대에 두 팔굽 올려놓고 장손 손잡아 올려 입에 붙이고 아이

　　　　보는) ……

엄마   (장수 소변 뺀 그릇 꺼내 들고 나간다) …

아빠   … (아이 보며)

S# 54 제1부에서

장수   어 (잠깐 걸음 멈추며) 참 아빠.

아빠   ?

장수   김자 용자 출자 아저씨 때매 미치겠어요.

아빠   … 왜.

장수   나만 보시면 너 내 사위야 딴생각하지 마 그러시는데 / 아빠

　　　　나 진짜 딴생각하면 안 되는 거예요?

아빠   껄껄껄껄껄.

장수   보셨어요?

아빠   (걸으며) 봤지. 관심 있냐?

장수   아니이 아저씨가 자꾸 그러시니까 / 어떻게 생겼는지 궁금한

　　　　거 있죠.

아빠	하하하.
장수	이뻐요?
아빠	용출이 아저씨 닮었어. (못생겼어)
장수	에에? (있는 대로 찡그리고)
아빠	하하하하하.
장수	(땅 보면서 투덜거리는) 시이. 그럼 이제부터 천 원 이천 원씩 주시는 거 안 받을 거야.
아빠	하하 오늘두 주디?
장수	예, 이천 원. (불만스레 아빠 보며)
아빠	(앞 보며 걸으며) 받어. 받어서 챙겨어.
장수	에이 아빠 인간이 그럴 수는 없죠오.
아빠	(웃는 얼굴로 아들 내려다보고)
장수	(땅 보며 갸웃) 하아아 고민이네에에.

S# 55 병실

| 아빠 | … (아들 보는) |

S# 56 제1부에서

| 장수 | (냅다 뛰어나오며) 와아 하하하하하하 / (미친 아이처럼 펄쩍펄쩍 온 마루를 뛰어다니면서) 와하하하하하 / 하하하하하하 / 와와와와와와 / 으흐흐흐흐흐 / 으아으아으아으아 / |
| 아빠 | (아들 손 쥔 손에 힘이 들어가며) |

장수   (E) 제가요? 여얼심히 연구해서 스타크래프트 열 배 더 끝내주
는 게임 개발할 거예요. 그럼 어떻게 되는지 아세요?

S# 57 거실

장수   (E) 여기 이런 아파트를 천 개 더 살 수 있구요? 할머니랑 엄마
랑 아빠랑 / 자가용 비행기 한 대씩 따로따로 사드릴 수도 있
고요? 아빠한테는 버스회사를 통째로 사드릴 수도 있어요.

S# 58 병실

아빠   … (얼굴 있는 대로 이즈러져서) ……

엄마   (소변통 들고 들어와 제자리에 넣고 일어나며) 잠깐 졸기라두
해요.

아빠   …

엄마   … (보다가) 응?

아빠   … (아들 손 놓고 일어나 휴지 뽑아 눈 훔친다)

엄마   … (보며) …

아빠   … (휴지 / 휴지통에 넣고 도로 의자에 앉으면서) … (아들 본다)

엄마   (시트 속으로 손 넣어 아들 다리 주무르며) 왜 있지 대기실에
사위 뇌종양 수술했다는 할머니.

아빠   … (아들 보며)

엄마   새벽에 갔다네…

아빠   …

엄마　　어제두 한 사람 가더니…

S# 59 구내식당

　　　　의욕 없는 식사하고 있는 부부.

아빠　　… (아내 안 보며 김치 건드리며) 장기기증 얘기 당신두 알지.

엄마　　? (보며) 저번에 티비에서 봤어. (하고 국 뜨다가 문득 남편 본다)

아빠　　… (김치 씹는다)

엄마　　? 무슨 생각 하구 있는 거야 당신?

아빠　　…

엄마　　혹시 장수 꺼 주자구?

아빠　　… 이식받을 장기가 없어서… 죽어가는 사람 많대.

엄마　　… 미쳤어 당신? 무슨 생각을 하구 있는 거야 대체.

아빠　　…

엄마　　이렇게 허무하게 보내는 거두 미치구 팔짝 뛰겠는데 누구한테
　　　　 뭘 줘. 왜 줘.

아빠　　조용해. 시끄러.

엄마　　남 주기 좋아좋아 분수가 있어. 당신 장수한테 한 게 뭐가 있다
　　　　 구 당신 맘대루 애 몸에 칼 대서 또 뭘 준다는 거야 누구한테!

아빠　　(좀 올라서 보며) 누가 준댔어? 내가 준댔어 지금?

엄마　　그게 그 소리지 뭐야. 주구 싶은 생각이 있으니까 하지 왜 해!

아빠　　아냐 그런 생각 안 해.

엄마　　어림 서푼어치두 없는 생각 하지 마… 내 아들 몸에 손 못 대.

털끝 하나 못 건드려. 이럴 줄 알았으면 뇌수술두 안 시켰어. 열세 시간씩 고생 안 시켰단 말야.

아빠 … (그냥 먹는)

엄마 애 몸에서 뭐 빼서 딴 사람 줄 궁리가 들어?

아빠 싫으면 됐어.

엄마 쓸데없는 생각 말구 장수 저렇게 만든 놈이나 잡어와. 내가 코를 물어뜯어놓을 거야. 나뿐 놈. 인간이 어떻게 남의 자식 죽여놓구 코빼기두 안 봬. 베락맞을 눔.

아빠 왔었어…

엄마 ? … 언제.

아빠 바루 그날…… 내가 늘신하게 반쯤 죽여서 보냈어… 다신 나타나지 말랬어. 살인 낼 거 같애서…

엄마 … (보다가) … (먹기 시작하려는데)

아빠 … 착한 눔이더라…

엄마 ? … 또 또오.

아빠 아버지 초상 치르구 일 나갔다 그랬대… (안 보는 채) …… 마누라는 만삭이더라…

엄마 … (보며 눅어지는 감정)

아빠 나두 운전대 잡구 사는 놈인데… 남의 일 아냐…

엄마 (먹기 시작) …

아빠 …… 의사가… 묻더라구… 장기기증 의사 없냐구.

엄마 그래서.

아빠　싫다구 했어…

엄마　잘했어.

아빠　… (먹는) ……

엄마　…… (먹는)…

S# 1 병원 전경 / 밤

S# 2 가족대기실

엄마	(꼬부리고 누워 잠들어 있다)
	얇은 타월 같은 것 발치에 덮고 / 방송 날짜를 맞춰서 옷을 입어주세요 / 신문지 같은 것 깔고 자는 가족 등등.
엄마	… (목이 메어 고개 딴 쪽으로 돌리고) …
아빠	(잠시 있다가 슬그머니 일어나 나간다)
엄마	(남편 일어나는 기척에 잠이 깨어 부스스 상체 일으켜보는)

남편 꼬리와 닫히는 문.

엄마　(보며) …

S# 3 대기실 복도

아빠　(바지 주머니에 손 넣고 터덜터덜 걸어 나오는) ……

엄마　(저만큼 대기실 문을 열고 나오는 게 보인다) …… (걸음 조금
　　　서둘러서 남편 한 걸음 뒤에 따르는) …

S# 4 병원 로비

아빠　(똑같은 템포와 분위기로 걸어 나오고 있고) ……

엄마　…… (눈치 보며 따르는)

S# 5 병원 현관 밖

　　　아빠와 엄마 나오는데.

　　　삑삑거리는 앰뷸런스 소리와 응급실에서 뛰어나오는 의사들
　　　간호사들.

　　　동시에 총알같이 와서 멎는 앰뷸런스 /

　　　앰뷸런스에서 실려 나오는 만신창이로 다친 환자와 손빠르게
　　　대처해서 싣고 들어가는 의료진. (보고 있는 아빠 엄마와 한 화
　　　면에서)

아빠　… (시선 땅으로 내리고)

엄마　(고개 돌려 남편 본다) …

아빠   … (그대로)

엄마   눈을 좀 붙여얄 거 아냐.

아빠   …… (땅 보면서 그대로)

S# 6 병원 벤치 있는 곳 / 부부 나란히 앉아서

아빠   (자신의 겉옷 아내에게 씌워놓고 담배 태우면서) …… 그렇게 생각하자구… 이런 날벼락 맞는 사람들… 우리만이 아니야… 화산두 터지구 지진두 나구… 물난리두 나구 불두 나구… 또 전쟁두 나구…

엄마   (남편 말 시작하면서 고개 돌려 보고 있다) ……

아빠   하루에두 수없이 많은 사람들이… 느닷없는 벼락을 맞구 / 쓰러져… / … 어쩔 수 없는 거야. 우리 재주루는 고스란히 당할 수밖에…

엄마   (고개 앞으로 돌려 어둠 보며 / 소리 날락 말락 숨 토해내는) …

아빠   이 자식은 아마 처음부터… 십년 동안만 우리 옆에서 이쁜 짓 하다가… 가슴 찢어놓구 떠나게끔… 그렇게 태어난 놈일 거야… 그건 저두 어쩔 수 없는 거야… 잘 가라… 좋은 데 가라… 우리두 별수 없구.

엄마   …… (눈물만 주르르르르) …

아빠   그렇게 마음을 다지라구…

엄마   내가 너무 인색하구 욕심 많구… 맘보가 나빠서 벌 받는 걸까?

아빠	(돌아보는)
엄마	그럼 날 잡지 왜 죄 없는 우리 장수를 잡어… 그게 무슨 경우야.
아빠	… 쓸데없는 생각 할 거 없어… (하며 어둠으로 고개) …
엄마	(흐윽 터지면서) 전생에 웬수 소릴 너무 해서 이렇게 뺏어가는 거 같어 여보. (손등으로 눈물 닦아내며) 입을 쥐어뜯구 싶어… 정말 웬수 같어서 그런 거 아닌데… 우리 엄마한테 밤낮 듣구 컸던 소리… 별 뜻두 없이 그냥 한 건데…
아빠	… (그저 어둠 물끄러미 보며) 장수 알아… 나두 알구 어머니두 알아…
엄마	(눈물 닦아내며) …
아빠	(어둠으로 고개 돌리며) 장수 놈… 속이… 이쁜 자식이었지…
엄마	이쁜 걸 지나쳐 헤펐지 뭐.
아빠	뿔뿔 기어 다닐 때부터 싹이 보였었어… 뭐 먹다가 엎지르면 기어서 걸레 찾으러 가구… 할머니가 재채기 하면 수건 집어주구 …
엄마	당신 술 먹구 들어오면 물 갖다주라구 물… 물 그러구 당신 양말 벗겨주구…
아빠	친구 좋아하는 거 때매 당신한테 욕 많이 먹었지.
엄마	쌀까지 퍼내는데 욕을 어떻게 안 해…
아빠	장수는… 어떻게 생각할까…
엄마	… (돌아본다 / 무엇을) ……
아빠	…

엄마	… 뭘 …
아빠	(앞 보는 채) 자… 장기기증…
엄마	…… (보며)
아빠	저한테는 필요없는 게… 죽어가는 다른 사람을 살릴 수 있다면 …
엄마	…… (보며)
아빠	……(그대로 앞 보며)
엄마	(고개 어둠으로 돌리며) ……

S# 7 가족대기실

아빠	(양반다리 하고 앉아서 다리 가운데 두 손 집어넣고 바닥 보며)… 우리한테… 심장이나 간이나… 콩팥만 바꿔 넣으면… 살릴 수가 있는 가족이 있다면 어떨까…
아빠	(E) (벽에 등 대고 두 무릎 세우고 시선 떨구고 듣고 있는 아내 위에) … 그거 주겠다는 사람 나타나기를… 얼마나 애타게 바라겠니.
엄마	(아빠에게 고개가 돌아간다) …
아빠	(고개가 아내 쪽으로 돌려지면서 눈물이 돌아나면서) … 아무 가치두 의미두 없는… 그저 허탈하기만 한 / 개죽음으루 끝낼 게 아니라… 나눠줘서… (외면하며) 딴 사람이라두 살게 하는 게 장수가… 세상에 나왔었던 의미가 있는 거 아니까… (보다가 고개 돌려 바닥 보며) 그런 생각이 든다…

엄마	… (보며)
아빠	(그대로) 장수두… 싫다구 안 할 거야… 워낙 헤픈 놈이니까…
엄마	(고개 돌리며 입이 비죽비죽) …
아빠	당신이 싫다면 어쩔 수 없는 거지만… 당신…엄마니까…
엄마	어머니는… (비질거리며) 그러라구 하시겠어?
아빠	…
엄마	말씀 안 드리구 우리 맘대루 그럴 수는 없잖아. 어머니 초상까지 치구 싶어?
아빠	(꼭 다문 입) …… (한참 만에 안 보는 채) 당신은 어떤데…
엄마	… (아빠 보며)

S# 8 중환자실

장수	(눈에 안대 / 각종 장치 /)
	(수술실에서 나와서부터는 눈에 안대를 해놓는답니다.)
	장수의 모니터.

S# 9 화정의 아파트 / 사오십 평짜리 거실

조모	(휴지로 눈을 가리고 쿨쩍이는) ……
아빠	… (어머니 보며) …
엄마	(장의자 / 시모 옆에 / 고개 꺾고 입 꼭 다물고 흐르는 눈물 주먹으로 닦으며) …
가정부	(차 들고 나와 내려놓으며 눈치 보는) …… (아웃 되고 / 그림

은 그 상태로 그대로) …

아빠   … (기다리다가) 엄마.

조모   (끄덕이며) 그래그래… (눈물 수습해서 휴지 내리며) 니들 맘
먹은 대루 해.

엄마   ? … (조금 의외라 본다)

조모   그놈이… (목이 메며 /) 그 짓 할려구 세상에 나왔나부다… 흐
으윽 / (흐느낌 들이마시는 호흡) … 누구 뭐 주기 좋아하는
눔… 뱃속까지 남 주구 떠날라구 왔던개벼어… 그 볼일 볼라구
온 눔여 그눔이. (울음이 섞이려 하며) …

엄마   (애달픔으로 시모 보며) …

조모   (끄덕이며) 그려그려… 그래라… 훌륭한 생각여… 몸뚱이는…
숨 끊어지면 나무토막이나 같은 거… 죽는 사람 살리는 일이라
는데 주지 뭐… 그럼 우리 강아지 / 장수두 영 다 죽는 건 아닐
거구… 염라대왕두 우리 어린 혼백… 잘봐주시겠지 좋은 일 하
구 왔다구…

엄마   (얼굴 가리며 시모 무릎에 폭 엎어진다) …

조모   (며느리 등 쓰다듬으며) 나쁜 눔… 나쁜눔 같으니라구… 그게
유별나게두 이쁜 짓만 골라하더니 요거밖에 안 되는 명이었어
어어…

아빠   (고개 옆으로 트는) ……

S# 10 병원 중환자실 밖

엄마 (팔짱 끼고 복도 창에서) … (바깥 내다보며) …

S# 11 중환자실

아빠 … (장수 침대에 두 팔 버티듯 짚고 서서) … (굵은 눈물방울 투두둑 떨어뜨리며 중얼거리듯 / 찢어지게) 내 가슴을 왜 이렇 게 아프게 해 이눔아… 엄마랑 할머니 가슴을… 왜 이렇게 찢 어놔 이 나쁜 놈아. 으응? … 으으응? 크윽 큭큭큭큭 /

S# 12 흉부외과 박박사 방이 있는 복도

부부 (복도 걸어오고 있다. 부부 손잡고 아래 보면서 묵묵히)

아빠 (박박사 방 푯말 보고 아내 돌아본다 / 괜찮냐는) …

엄마 … (보는 / 시선으로 괜찮다는)

아빠 (노크한다) …

여비서 (E) 네에.

아빠 (문 열며 엄마 돌아본다) …

S# 13 박박사 방

박박사 … 정말… 뭐라 무슨 말씀을 드려야 할지 모르겠군요… 어려운 결심 해주셔서 감사합니다.

부부 (고개 숙이고 있는)

박박사 한 번 더 권유해보고 싶은 생각이 많았지만 조심스러워서요…

누구 / 대신 부모님 설득해줄 사람 없나 안타까워만 하구 있었어요. 정말 고맙습니다. 덕분에 여러 생명 살리게 됐어요.

아빠   ··· 예. 그런데··· 이 사람이··· 걱정하는 게··· (의사 안 보는 채) 아이 모양이··· 거죽으루··· 애 모양이···

박박사   아, 그건 염려하지 마세요. 외형적으로 아무 이상 없게 조치를 하니까요.

아빠   (엄마 돌아보며) 그랬잖어. (그럴 거라고)

엄마   다시 볼 수는··· 수술하구 난 뒤에 다시는 못 보는 거···

박박사   (O.L) 아닙니다. 영안실에서 다시 보실 수 있어요. 걱정 마세요.

아빠   그리구 / ··· 뭐뭐··· 들어내게 되나요.

박박사   상태에 따라서지요. 아직 어린 소년이구, 아직까지는 상태가 양호한 편이니까 심장 / 폐 /

박박사   (E) (엄마 위에) 간 신장 췌장 각막

엄마   (O.L) 텅 비겠네요. 다 빼내구··· 텅 비겠어요. (아무도 안 보면서)

박박사   (할 말이 없어서 보고) ···

아빠   ··· (엄마 보고) ···

엄마   ··· (고개 꺾고) ··· (고개 숙인 채) 눈은요··· 눈수술두 많이 한다 그러던데···

박박사   예, 각막이 눈이에요.

엄마   (의사 보며) 그러니까 눈두 빼 간다구요.

박박사   (대답하기가 난처하고)

엄마   눈은 안 돼요. 눈은 내버려두세요.

아빠	(무슨 말인가 하려는데)
엄마	(E) (아빠 위에 / 조금 강력해지며) 눈은 안 되겠어요 선생님.
엄마	눈은 건드리지 마세요.
아빠	여보.
엄마	안 보여서 어떡해. 저승길 가는데 앞이 안 보이면 어떻게 가아아… (약간 터지듯)
아빠	… (아내 보며)
박박사	… (엄마 보며)
엄마	같은 상태지만 몸은 빈 껍데기라두 눈은 보여얄 거 아냐. 어디루 갈지 몰라 헤매구 다니면 어떡해. 눈은 놔두세요. 눈은 건드리지 마세요, 선생니임. (그러나 끝은 울음)
박박사	알겠습니다. 그렇게 하죠. 걱정하지 마세요. 원치 않으신다면 안 합니다
아빠	(소리 내어 우는 아내 보며) …

S# 14 휴게실이나 식당

창가 자리에 물컵 하나씩 놓고 각각 멍하니 앉아 있는 부부.

부부	……
형숙	…… (다가와 서서) 이장수 어린이 부모님이시죠.
아빠	(엄마도 같이 올려다보고) 예…
형숙	저는 이 병원 장기이식위원회 코디네이터 윤형숙입니다. 잠깐 앉겠습니다. (웃으면 안 될 것 같습니다)

아빠	예…
형숙	(엄마 보며) 쉽지 않으셨을 텐데… 감사합니다. (목례하며)
부부	(같이 어정쩡하게 목례로 답례)
형숙	위원장님께 직접 장기기증 의사 밝히셨다는데… 제가 다시 한 번 확인하러 왔어요… 이게 제가 하는 일이에요.
아빠	… 예…
형숙	물론 많이… 깊게 생각하시구 내린 결정이시겠지만… 기증의 사… 확실하신 거죠.
아빠	… 네.
형숙	가족 중에 혹시 모르구 계신 분이 계시거나 장기기증에 대해서 반대하는 분은 안 계신가요?
아빠	… (그저 보는 / 왜 묻는지 모르겠다)
형숙	한 분이라도 반대하는 분이 계시면 진행시킬 수가 없어요. 준비하는 과정에서 가족이나 친척 중에 한 사람이 반대하고 나서서 중단하는 일도 있거든요.
아빠	그럴 사람 없어요…
형숙	… (잠깐 보다가) 다시 한 번 묻겠습니다. 장기기증 의사 확실하신 거죠.
엄마	(자꾸 장기 어쩌고 하는 것도 싫다) 한 번 얘기했으면 됐잖아요.
형숙	알겠습니다… 병원비와 장례비는 걱정 마세요. 저희 병원에서 보상해드리니까요.
엄마	(아빠가 물컵 집어 입에 대자 / 자신도 물컵 집어 마신다)

형숙 아드님 덕분에 여러 사람이 새 생명을 얻는다는 거 정말 뜻있
는 일이에요. 지금 괴로우셔도… 시간이 지나면 보람 느끼실
거예요…

엄마 (물컵 놓으며) 그건 두구봐야 알겠구. 우리 애가 원래 주책없
이 누구 뭐 주기 좋아하던 물건이라… 주기 좋아하더니 결국
이렇게 되네요.

형숙 … (잠시 보다가 어렵지만) 혹시… 저기 장기를 사고팔기도 한
다는 얘기 들으신 적 있으세요?

아빠 … (보다가 / 엄마도 무심히 형숙 보고) 뭐냐 그 밀매하는 / 밀
매꾼들이 있다구 합디다. 언젠가 티비에서 보니까.

형숙 (일종의 확인 / 혹시 다른 대가를 바라는 건 아닌가 조금 웃으
며) 네, 그건 꾼들이 하는 일종의 범죄예요.

아빠 말세예요. 뭐 팔구사구 할 게 없어서 사람 내장을…

형숙 ……네 그렇습니다

엄마 언제쯤… 하는 거예요.

형숙 (일어서며) 곧 잡힐 거예요. 그동안 너무 힘드셨을 텐데… 댁
에 들어가 좀 쉬시면 좋을 텐데…

아빠 (엉거주춤 일어나며) 예…

형숙 감사합니다.

아빠 (목례)

형숙 (화면에서 아웃되고)

아빠 (도로 앉는다) …

부부   (각각 우두커니) ……

S# 15 중환자실

의사   (차트 보면서 장수 가슴 꼬집어 비튼다 / 무반응)

뇌사판정을 위한 검사. 의사 2명.

의사   (무반응 기록하고 / 인공호흡기 떼고 호흡관찰(무호흡) / 서혜
부에서 피 뽑고 / 인공호흡기 다시 꽂고 / 안대 떼어내고 동공
반사 검사 / 차트에 기록하며) 이이지 찍고 티시디도 해봅시다.

S# 16 중환자 가족대기실

아빠   (눈 감고 벽에 기대어 앉아 있고)

엄마   (누워 있다)

S# 17 코디네이터 방

형숙   (전화 중) … (황당한) 언제요… (닷새 됐다우) 지난번에 전화
드렸을 땐 쾌활하시던데… / 어떻게 그렇게 갑자기…… 너무
죄송합니다. 빨리 못 찾아드려서… 죄송해요 아주머니. 어떻게
일이… 네 죄송해요. 정말 죄송합니다… 네… 네. 안녕히 계세
요. (전화 끊고) ……

S# 18 장기이식위원회(수혜자결정위원회)

일반외과 닥터 / 흉부외과 닥터 / 신경외과 닥터 / 위원장(박

박사) / 형숙.

형숙 장기기증 뇌사자는 이장수라는 어린이로 / 10세 1989년 2월 17일생으로 지난 11월 7일 오전 10시 반경에 동네 큰길에서 인도로 뛰어든 택시 티에이로 응급실로 들어와 에스디에치로 오피 받았지만 뇌사상태에 빠졌고 / 보호자가 장기기증을 한다는 의사를 밝혔습니다. 가족으로는 부모와 할머님이 계시고, 가족 모두 동의했으며, 부모 다 순수하고 별다른 말썽의 소지는 없어 보입니다. 뇌사판정은 신경과 이영범 선생님과 마취과 한정래 선생님이 해주셨습니다.

이영범 1차 뇌사판정은 99년 11월 12일 오전 11시 30분에 했고 2차 판정은 같은 날 오후 5시 30분에 했는데 뇌사가 분명합니다. 이이지 상으로도 확실하고요.

박박사 지금 환자상태는 바이탈도 스테이블하고 하트레이트도 80으로 유지되고 있고 / 에코상 엘브이이에프 70퍼센트 / 월 모션도 노말이고 이케이지에서는 사이너스 리듬 보이고 있고 / 에이비지에이 상 피에이오투도 100 이상으로 상태 좋은 편이에요. / 페리카디악 없고 에퓨전도 없고 / 엠알 / 티알 / 에이아이에 다 문제 없으며 / 보스 렁에 뉴모니아도 없어 하트와 렁은 정상인 상탭니다. 일반외과는 어때요.

일반외과 닥터 리버는 에스지오피 / 지피티 / 다 노말 레인지고 어브도미날 소노상도 노말입니다. 엔자임도 노말이라 리버는 별문제 없습니다. 그리고 유린 아웃풋이 시간당 100 이상으로 유지되고 있

어 유린 플로어도 좋습니다. 비유엔 크레아타닌치도 노말 레인
지구요. 키드니도 가능하겠습니다.

박박사 기증자 블러드 타입이 에이형이고 열 살이라 하트와 렁은 이연
주가 좋겠는데요.

형숙 네, 저도 그 애 생각했습니다.

박박사 (의사들에게) 지난번 수술 받으러 들어왔다가 마지막에 뇌사
자 부모가 맘 바꾸는 바람에 못한 애 말요. 부모 슬프게 하면서
사느니 차라리 죽고 싶단다는 소녀요. (의사들에게 말하고 형
숙에게) 환자한테 연락하고 / 리버는 /

형숙 리버는 마침 기증자와 맞는 환자분이 있어서 조금 전에 전화드
렸는데 / 위원회 열리기 전이라 안부전환 척하고 했는데… 닷
새 전에 돌아가셨대요. 저희 병원에는 현재 인디케이션 환자가
없고 / 다른 병원에 알아보겠습니다. 그리고 키드니는 송병수
/ 남정희 / 김병주 / 한혜자 환자가 혈액형하고 에치엘에이 타
입이 적합하게 나왔습니다.

박박사 그 네 사람 다 연락해서 사이토톡신 안티바디 테스트해서 두
사람 골라요.

형숙 그렇게 하겠습니다.

S# 19 중환자 가족대기실 복도

박박사 (엄마 아빠 두 사람 세워놓고) 여섯 시간 간격으로 두 차례에
걸친 뇌사판정이 끝났습니다. 수혜자 결정 회의도 마쳤고… 가

능하면 내일 오후에 수술로 들어갈까 해요.

엄마 (조금 움직여 남편 등에 이마 붙이고)

박박사 … (아빠와 엄마 보다가) 그럼… (화면에서 아웃)

아빠 (돌아서며 아내 등에 손 없는다)

S# 20 형숙의 방

형숙 (전화하는) 에치비에스에이지 네가티브 / 안티바디 포지티브
구요 시비시 상에는 헤모글로빈이 11이라 지금 펙셀 들어가고
있구요. 엘렉트로는 포타슘치가 2.3이라 포타슘 리플레이스먼
트하고 있습니다. 비유엔 크레이티는 16.12고 에스지오티 지피
티는 37.14로 노말레인지구요. … 네. 괜찮아요. 이식받을 환자
빨리 찾아서 연락 주세요. 일단 예정은 내일 오후 4시로 잡혀
있습니다.

S# 21 중환자실

엄마 (장수 머리 쓰다듬으며) 엄마… 아빠랑 집에 가서 좀 씻구…
옷 갈아입구… 그러구 오께 장수야 응? …… (쓰다듬다가 불현
듯) 어디 가 있어 이놈아. 몸뚱이는 두구 어디 가 돌아다니구
있는 거냐구 망할 자식아…

S# 22 병원 승강기 앞

부부 (내려서 현관 쪽으로 / 아빠 두어 걸음 앞섰다가 멈춰서 기다

렸다가 등에 손 올리고) ……

S# 23 병원 마당 입구

부부   (묵묵히 걸어내려 오는데)

호철 부부 (마주 오다가 보고 걸음 멈춘다) ……

아빠   … (호철 보고 멈추어 선다) …

엄마   ? (남편 보고)

아빠   (움직여서 호철 부부 앞으로) … (그저 이윽히 보며) …… 오지 말랬는데 왜 왔소.

호철   … (고개 떨구고) 뇌사 결정났다구… 경찰서루 들어오라구 해서… 나중에… 살구 나와서… 찾아뵙겠다구 인사나 할려구…

아빠   만나서 반가울 거 없는 사람들이 뭐 하러 만나요.

차순   (울먹한 얼굴로 O.L의 기분 발 아래 보면서) 깨어나라구 그렇게 매일 / 잠자면서 꿈에서두 빌었는데…

엄마   (호철 보고 있다가 터진다 O.L) 조심 좀 하지요오! 초상 치구 온 사람이 무슨 통뼈라구 운전대 잡구 나와서 천금 같은 내 아들을 잡아아아!

아빠   여보. (호철에게 다가드는 아내 잡으며)

엄마   무슨 원수가 져서어! 나랑 무슨 원수가 졌길래애애애!

아빠   (엄마 떼어내려는)

엄마   (아빠 팔 떼어내려 하며) 당신네두 이제 금방 자식 낳게 생겼네! 자식 나 키워봐! 키우면서 당신이 우리한테 무슨 짓을 했나 / 사람이면 알 거야! 사람이면 알 거라구우!

차순 (엄마에게 다가들며 O.L) 잘못했어요. 우리두 너무 괴로워요 아주머니. 정말 죽을 만큼 괴로워요. 용서해주세요. 용서해주세요 아주머니. (아내 옷자락 잡고) …

엄마 (울며 차순 보며) … (원망과 동정과) …

아빠 (아내 어깨 안아 떼어내면서) 갑시다… 가자구… (걷기 시작)

엄마 (남편에게 안겨 허청허청 걸으면서) <u>으흐흐흐흐 으흐흐흐흐흐</u>

호철 부부 (두 사람 가고 있는 뒷모습 보며) …

호철 하아 (호흡 내뿜으며 두 주먹으로 제 양 머리 옆 퍽퍽 두들기는) ……

차순 여보오… (하지 마 / 남편 두 팔 잡으며) 그러지 마요… 그러지 말라구우우…

S# 24 달리는 택시 안의 부부

엄마 (멍하니)… (고개 꼬고 넋 나가서)

아빠 (담배 태우며) ……

S# 25 아파트 현관 앞

들어와 멎는 택시.

아빠 (먼저 내려 엄마 내리는 것 도와준다 / 탈진한 엄마)

아파트로 들어가는 부부.

S# 26 현관 앞

아빠　(키 꽂아 문 열고 아내 들여보낸다)

엄마　(들어가고)

S# 27 아파트 거실

엄마　(들어와 거실로 올라서고)

아빠　(들어오며) 먼저 씻어… 내가 나중에 씻을게.

엄마　(주방으로)

아빠　… (엄마 쪽 보는)

S# 28 주방

엄마　(냉장고에서 물병 꺼내 병째로 꿀꺽꿀꺽 마시는데 터지려는 울음으로 물이 다 흘러버린다) …… (그렇거나 말거나 끅끅거리면서 물병 기울이고 있는)

아빠　…… (보며)

S# 29 아파트 전경 / 밤

S# 30 욕실

아빠　(웃통 벗고 팬티 바람으로 욕실에 물 끼얹어 청소하는데 / 욕조 물은 빠지고 있고 / 아빠는 목욕을 막 마친 상태)

엄마　(E) (통곡하는 소리)

아빠　　? ⋯ (서둘러 러닝셔츠 입고 나간다)

S# 31 거실

아빠　　(욕실에서 나와 안방인가 했다가 장수 방에서 나는 소린 거 알고 잠깐) ⋯ (동작 멈추고 있다가 장수 방 문 연다)

S# 32 장수의 방

방은 사고 나기 직전 그대로.

엄마　　(컴퓨터 껴안고 얼굴 비비면서 애끓는 통곡) ⋯

아빠　　⋯ (보며) ⋯

S# 33 거실 / 시간 경과

엄마　　(바닥에 아무렇게나 옆으로 고부리고 누워 횡한 눈) ⋯

아빠　　(주방에서 쟁반에 라면 두 그릇 끓여 들고 나와 상에 벌여놓는 / 김치도 / 아내 옆으로 가 목 아래 팔 넣어 일으키며) 일어나⋯ 먹자. 먹어야 살지⋯ 죽을 수는 없잖니. (아내 손에 숟가락 쥐어주며) 죽더라두 장수 자알 보내주는 거까지는 하구 죽어야지⋯ 엉?

엄마　　⋯ (횡한 데서 좀 돌아오는)

아빠　　(마주 앉으며) 먹자구 엉?

엄마　　그래요 먹어요⋯ (라면 국물 먹는) ⋯

아빠　　(보다가 젓가락으로 라면 건져 올리는데)

엄마	(불현듯) 목숨 참 치사하구 드러워. 자식새끼 몸뚱이 갈라 떡 돌리는 거 모양 다 나눠준다는데 / … 그래두 때 되면 배는 고파.
아빠	… (보며 대꾸할 말이 없다) …
엄마	… (국물 떠 먹는) …
아빠	(먹기 시작)…… (한동안 그대로)
	(E) 현관 벨.
아빠	? … 누구세요!
박서방	(E) 네, 박서방이에요 형님.
아빠	… (무슨 일인가 잠깐 생각하다가 퍼뜩 / 일어나며) 왜 / … 어머니한테 무슨 일 있어?
화정	(E) 아녜요, 문 좀 열어요 빨리.
아빠	(현관문 열고)

들어오는 부부.

엄마	(박서방 때문에 마지못해 일어나며) 오셨어요.
박서방	예… 아니 라면으루 식살 하시면 어떡해요. 뭐 기운 된다구요.
화정	(그딴 얘기 할 때냐는 듯 남편 팔 잡아당기고 앉으면서) 도대체 장기기증이 무슨 얘기유 오빠.
아빠	… (대꾸 없이 앉으며) 당신 먹어 얼른.
엄마	(박서방에게) 앉으세요.
박서방	예 예… (앉으며) 장모님 그러시는데
화정	(O.L) 엄마 얘기 사실이에요? (올케에게) 정말이에요?
엄마	(국물 뜨며) 예에.

화정	(입 벌리고) …
박서방	아니 어떻게 그런 생각을…
화정	(올케에게) 어떻게 된 거 아니에요? (오빠에게) 돌았수?
아빠	(라면 먹으며) 그게 좋을 거 같아서 그렇게 했어.
화정	누구한테 좋아? 아니 그렇게 죽는 것만두 불쌍하구 가여운데 끔찍하게 애한테 무슨 짓이에요. 아무리 의학적으루 죽은 애라 구 하지만
엄마	(시선 들어 시누이 보는 위에)
화정	(E) (엄마 위에 연결) 자식 몸에다 어떻게 그런 짓을 하냐구.
아빠	(E) 개죽음 만들기 싫어 그랬어. 죽게 생긴 딴 사람 살리는 일 이면 좋은 일 아냐.
화정	(E) 얼마 준다구 합디까.
엄마	?
아빠	?
화정	얼마 받기루 하구 내논 거냐구요.
아빠	이 기집애가. 너 말 다했어!?
화정	장기기증했다 그럼 다들 돈 받구 죽은 자식 팔아먹은 줄 알아요.
엄마	(수저 놓으며 /) 고모… (차분하게)
화정	(상관없이) 섬칫하구 무섭게 그런 짓을 왜 하냐구. 그냥 깨끗 하게 화장해 치우구 말지 뭐 때매 그래. 애 불쌍하게에.
엄마	(O.L의 기분) 고모.
화정	정말 주책 없구 한심해. 안 돼요 못해.

엄마	(무슨 말인가 하려는데)
화정	(어조 바꿔서 /) 장수가 너무 가엾잖아요.
엄마	(O.L) 갑자기 우리 장수가 왜 그렇게 대단해요.
화정	?
엄마	(연결) 고모 우리 장수 양말 한 짝 연필 한 짝 사줘봤던 사람이에요? 장수 돌날 입학식날 / 고모 만 원 이만 원 봉투 내놨던 사람이에요. 어쩌다 볼 일 있어 전화해두 장수 잘 있냐는 말 한마디 안 했던 사람이 고모예요. 장수한테 무슨 권리루 된다 안 된다예요 네?
화정	언니.
엄마	한심하다니 / 누가! 누가요. 수아 아빠처럼 돈 잘 못 벌어 한심해요? 우리 못살아 고모네 덕 본 거 있어요? 아버님 병수발 오 년에 고모 병원비 한 번 보탬 되게 내논 적 있어요?
아빠	장수야… (그런 말 할 거 뭐 있어)
엄마	(치받혀서) 진세 빼 일세루 나 앉구 빗겨가면서 허덕거리는데 두 외눈 하나 깜작 안 하구 어쩌다 마지못해 한 번 오면 아버님 어머님한테 잘못한다구 말두 안 되는 생트집이나 잡았던 사람이에요 고모가!
화정	언니.
엄마	무슨 권리루 내 집 일에 감 놔라 대추 놔라야 도대체가!
아빠	여보! (좀 강력하게)
엄마	(상관없이 연결) 우리한테 한 게 뭐가 있다구!

아빠	(엄포) 그만해. 어엉?!
엄마	(누그러뜨려서) 누구는 새끼 오장 들어내는 게 좋아서 하는 줄 알아요? 장수 아빠가 결정한 일이에요. 고모는 장수 아빠 한심한지 몰라두 나는 이이
엄마	(E) (황당해서 보는 화정 위에) 무지무지 존경해요.
엄마	어머니두 허락하셨는데 중뿔나게 왜 고모가 나서 참견이냐구.
화정	객사한 데다 장기까지 빼냈다가 갈 데 못 가구 해코지하면 어쩔려구 그래요!
엄마	(아연) ?
아빠	? (화정 보는)
화정	무섭지두 않아요? 객사 귀신이 얼마나 무섭다는데.
엄마	허. ㅎㅎㅎㅎ (기막혀서 웃고) 우린 안 무서워요… 고모 무서워요? 왜요?
아빠	(O.L) 내 아들이구 내가 결정했어. 너 입 다물구 다시는 왈가왈부하지 마. 니 생각 물은 적 없잖아. (하며 일어난다) 박서방 그만 데리구 가. 보기 싫어.
박서방	(아빠 보며 어정쩡하고) …
화정	(약 올라 오빠 치켜 보지만 도리가 없다) …

S# 34 주방

아빠	(들어와 냉장고에서 먹다 남은 소주 반 병 꺼내서 소주잔 두 개 찾아 들고)

S# 35 거실

아빠 (나와서 엄마에게 잔 하나 내밀며) 한잔 마시구 잠깐 좁시다.

엄마 (순하게 잔 받아 들고)

아빠 (따라주고 자기 잔에도 따르고) 마시자구.

엄마 (훌쩍 마신다)

아빠 (훌쩍 마시고 / 자기 잔 상에 놓고 아내 잔도 빼서 상에 놓고 아내 가볍게 잡으며) 일어나.

엄마 (일어나 약간 허청거리는 걸음으로 안방으로 들어가고)

아빠 (안방으로) ……

화정 (닫히는 문 보며 어이가 없는데)

박서방 (아내 흘근거리며) 괜히 오자구 해서는…

화정 꿀먹었어요? 입 뒀다 뭐 하구 꿰다논 보리자루예요!

박성방 할 말이 없잖아아아.

화정 (발끈 일어나며) 미쳤어 미쳤어. 둘 다 돌았다구.

박서빙 (일어나며) 그럼 장모님두 도셨게?

화정 (벌써 현관으로 움직이다 돌아보며 눈 째지게 흘긴다)

박서방 (안방 의식해서 소리 조절) 그 눈째가 뭐야. 존경한대잖아. 와이프한테서 (화정은 이미 나가고 있고) 존경한다 소리 듣는 남자 인생은 성공한 인생이다 제기랄.

S# 36 승강기 앞

화정 (약 올라 서 있고)

박서방　(승강기 앞으로 오며) 그러니까 너머 나 / 내 식구 / 내 자식만 아는 거 문제 있다니까. 당신 문제 있어.

화정　(잡아먹을 듯 쏘아보는)

박서방　솔직히 말해봐. 당신 장수 엄마 깔봤지? 깔봤다가 용코루 터졌지 아냐?

화정　(핸드백으로 남편 팬다)

S# 37 안방

나란히 누워 천장 멀거니 보고 있는 부부.

부부　…… (멀거니) ……

아빠　(돌아보며) 눈 감어.

엄마　…

아빠　엉?

엄마　못 낄 거 같어.

아빠　깨워주께.

엄마　당신이 자… 내가 깨워주께… 잠깐 눈 붙여. 장수랑 셋이 / 같이 가면 좋겠어……

아빠　…… (눈 감는다)

엄마　(아빠 쪽으로 돌아누우며 가슴에 손 얹는)

어빠　(가슴에 올려진 아내 손 잡아주며 마주 돌아누워 안아주며 머리 만지는) ……

S# 38 빈 거실

(F.O)

S# 39 병원 전경 / 오후 4시 반경

앰불런스 들어와 멎고 장기이식할 서울 다른 병원 이식닥터 2
명과 간호사(그 병원 코디네이터) 내려 총총히 들어간다. 아이
스박스 들고.

S# 40 병원 옥상 헬리포트

착륙하고 있는 헬기.
내리는 의사 2명과 코디네이터 / 아이스박스.

S# 41 휴게실

아빠   (담당 경찰과 마주 앉아서 담배 태우면서 고개 젓는다) 아니,
나중에 딴소리 안 해요. 나두 온전으루 먹구사는 놈인데… 사
람이 나빠 보이지두 않구.

아빠   (E) (보고 있는 경찰 위에) 그거 처벌해서 뭐 해요… 처벌하는
거 바라지 않으니까… 담당자께서 잘…

아빠   어떻게 선처해주세요. 안사람… 만삭이더라구요. 가능하면 불
구속으루 아이 낳는 거두 보구… 아무두 없는 모양이더라구
요… 가볍게 치르게 해주십쇼…

경찰   (끄덕이며) 알겠습니다. 저두 보니까 사정두 아주 딱하구 사람

두 선량하구… 선생님만 괜찮으시다면…

아빠 (O.L의 기분) 예 괜찮습니다. 괜찮아요.

경찰 그럼 피해자 불벌의사 첨부해서 의견서 올리죠. (일어나며)

아빠 (일어나며) 잘해주세요. 부탁합니다.

경찰 (손 내밀며) 감사합니다. (악수하며)

아빠 수고하십시오. (양복 깨끗하게 입었다)

엄마 (E) 여보. (조금 떨어진 출입문 쪽에서)

아빠 (돌아본다)

엄마 좀 와봐야겠어요.

아빠 어 그래… 그럼.

경찰 예 나가시죠. (움직이는 남자들)

경찰 (엄마에게 목례하고 먼저 빠지고)

엄마 (아빠 안 보는 채) 작별인사 하래…

아빠 … (끄덕이며 아내 어깨에 가볍게 손 얹으며 움직이는) …

S# 42 중환자실 복도

오고 있는 부부. (빠르지도 느리지도 않은 걸음 속도)

아빠 (문 열어주고)…

엄마 (앞서 들어간다)

S# 43 중환자실

수술실로 데려갈 의사 간호사 비켜준다.

엄마	… (아들에게 가서 천천히 몸 구부리며 두 손으로 얼굴 감싸쥐고 얼굴에 얼굴 붙이고) ……
아빠	… (한 화면에서 보고 있는) …
엄마	(터지는 흐느낌 필사적으로 억제하며 얼굴만 비비는) ……
아빠	…… (충분히 됐다 싶을 때 아내 어깨 잡아떼어내려는)
엄마	(떼어지면서 애달프게) 아가야… 잘 가… 좋은 데 가 행복하게 있다가아? 이담 이담에 새루 태어나면서 우리 셋 다시 뭉치자아? (남편에게 몸은 잡혀서 상체는 아들에게 틀어져서) 그런데 너 아주 나쁜 놈야 이놈아. 너 알어? 너 아주 나쁜 놈이라구우우우!
간호사	(엄마를 아빠 대신 안아 데리고 나가고)
아빠	…… (나가는 아내 보고 있다가 아들 곁으로) …… (천천히 의자에 앉으며 시트 안에 손 집어넣어 아들 손 시트 속에서 잡고 /) 장수야… 아빠 너한테 하는 일… 이해하지? 이해해주기 바래… 아빠두… 만약에 내가 니하구 같은 치지기 되면 장기기증 한다구… 등록할 거야… 그러니까 너한테 물어보지두 않구 내 맘대루 했다구 아빠 미워 안 하기 바래…… (잡은 손 당겨 올려 입에 붙이고) 아빠 너… 차아아암 좋아했어… 알지? … 알지? …

S# 44 실려 나가는 장수

S# 45 다른 입원실

박박사 (급히 들어오며) 이게 무슨 소리야 연주야… (13세 창백하고
       가냘픈 소녀 침대 옆으로 가며) 수술을 안 받겠다니… 얼마나
       기다렸던 수술인데 갑자기 왜 심술을 피는 거야? (소녀의 엄마
       낭패해서 두 손 마주 잡고 서 있고 / 의사와 간호사)

연주   … (고개 숙이고) …

박박사 (의자에 앉아 소녀 잡고) 지난번에 너 수술 받을려다 못 받았
       을 때 우리 다 같이 얼마나 실망했었니. 다행히 하나님이 우리
       연주 이쁘게 보셔서 수술받게 됐는데 왜… 왜 안 받는다는 거
       야… 응?

연주   갑자기 귀찮은 생각이 들어요. (고개 옆으로 돌리며)

박박사 (보다가) 귀찮다니… 엄마 앞에서 그런 말 하는 거 아니지이. 너
       때매 엄마 얼마나 마음이 아프시구 얼마나 많이 고생하셨는데
       …

연주   …

박박사 착한 딸인 줄 알았는데 선생님 실망인데? … 우리 연주 이제
       다른 애들처럼 혼자 학교 가 다른 애들처럼 운동두 하구 공부
       두 열심히 하구 연애두 하구 결혼두 할 수 있겠구나 선생님 얼
       마나 기쁜지 모르는데…

연주   (의사 보는) …

박박사 어젯밤에 선생님 / 연주랑 다른 수술 받을 환자들 잘 보살펴주
       십시오 하나님께 오랫동안 기도했어… 특히 연주 기도는 더 길

게 했단 말야…

연주   …

박박사   엄마 속 썩이지 말구 수술받자 응? … 연주한테 심장하구 폐
        선물할 어린이 벌써 수술실 들어갔어. 얼마나 귀한 선물인데
        기쁘게 감사하게 받아야지 이게 무슨 / … 너 망녕났니?

연주   … (조금 웃는 듯하고 / 말끄러미 의사 보며) 정말… 운동하
        고… 결혼도 할 수 있어요?

박박사   그러엄. 선생님이 약속해. 문제없어.

연주   (시선 내린다)

박박사   하지… 할 거지?

연주   … (끄덕이며) … 네.

박박사   그럼 그래야지. (하며 일어서며) 서둘러요.

의사·간호사 (재빠르게 환자 침상으로 / 옮길 채비)

엄마   (가슴에 손 얹고) 아우-우-우-우-우-우 /

S# 46 장수의 수술실

스크럽 너스 2 / 마취과 의사 / / 장기 가져갈 닥터들 / 장기적
출 담당의들로 수술 중에는 약 20여 명이 움직인답니다.
분주하게 수술준비를 하고 있는 스태프들.

S# 47 다른 방 수술실(심장 / 폐)

연주   (실려 들어오고 있다)

대기하다가 맞는 스태프들.

S# 48 또 다른 방

신장이식 받을 환자 1.

준비 중…

S# 49 또 다른 수술실

신장이식 2.

준비 중.

S# 50 장수 수술실

들어오는 장기적출팀 / 흉부외과팀 3명 / 일반외과팀 3명.

박박사　(준비 마치고 약간 뒤늦게 들어오는 상황 / 이럴 때 지방이나
　　　다른 병원에서 온 의사들과 인사 안 하나? 가능하다면 보충해
　　　주시고) … 준비 다 됐죠.

대답　　네… (등등)

박박사　(움직여 팀 가운데로 들어가서) 그럼… 묵념합시다.

　　　일동 묵념으로…

박박사　시작합시다. (마취는 이미 돼 있는 상태)

일반외과 닥터　(목에서 치골 상부까지 절개하는) …

S# 51 영안실

부부	(나란히 앉아서) … (각각 자기 생각에) …
형숙	… (들어와서 부부 앞에) … 시작했습니다.
부부	? … (멍하니 올려다보는) …
형숙	… (보다가 목례하고 나간다)
아빠	… (형숙 나가고 난 뒤에 고개 돌려 저쪽에 혼자 서서 쿨쩍거리며 눈물 훔치고 있는 경호를 본다)
경호	……
아빠	경호야… 이리 와…
경호	……
아빠	이리 와.
경호	… (주춤주춤 아빠 옆으로)
엄마	(아무 소리도 안 들리는 /) …
아빠	(경호 잡아서 옆에 앉힌다) …
경호	(울며 앉혀지는) …
아빠	그래 이제… 자전거 잘 탄다구?
경호	(울면서) 갖다드릴려구 했는데…
아빠	(O.L) 아냐 갖구 올 거 없어… 너 가져… 장수 대신 타. 타면서… 장수 생각해주라…
경호	아니에요. 갖다드릴께요.
아빠	그럴 필요 없다니까… 장수두 그걸 원할 거야.
경호	이잉… 잉잉잉잉.

아빠	…… (보다가) 장수… 너한테 좋은 친구였지?
경호	(크게 끄덕이면서) 잉잉잉잉잉잉 잉잉잉잉잉.
아빠	(어깨에 팔 돌리면서) 울지 마… 울지 마라… 장수가 흉보겠다. 사내자식이 징징거린다구…
경호	… (울음 좀 죽는) …
아빠	너는 장수 / … 평생 안 잊어버릴 거다. 그렇지?
경호	(끄덕인다) …
아빠	(끄덕이며) 그래… 잊어버리지 말구… 죽는 날까지 우리 장수 기억해주라… 그래 주면 고맙겠다…
경호	… (끄덕이며 우는)

S# 52 수술실

일사불란하게 돌아가는 수술실. (장수)

흉골은 이미 잘라내졌고 드러나 있는 심장과 다른 장기.

일반외과 닥터	리버 / 괜찮아 보이는데요.
다른 닥터	괜찮겠어요.

간을 조금 떼어내 일반외과팀에게 / 일반외과 닥터들 한꺼번에 나가고.

흉부외과팀 심장박리 시작.

S# 53 영안실

아빠	(학교 선생님들 문상 받고 있는) …… (아빠에게 인사들 챙기

면 그다음은 엄마에게)

엄마 (그저 허리 굽혀 답례하는 정도로) …

학교 친구들 (이십여 명이 차례로 꽃 바치고 있다)

경호 (한쪽에 있고) ……

S# 54 수술실

흉부외과팀 일반외과팀 전원.

한편에서 의사 한 사람 전화하고 있다.

지방의사 예, 간이 괜찮거든요? 한 **시쯤 끝날 거 같으니까 맞춰서 준비

해주세요.

다른 의사1 환자 내려갔지? 준비 끝났어? 지금 퍼퓨전하구 있는데 그럼 시

작한다… 그래 그럼 시작하게. (끊고 스탭들 쪽으로)

대동맥 크래핑.

박박사 사망 시간.

대답 7시 28분입니다.

다 멈춰버린 모니터… 삐이이이이이…

잘게 부순 얼음 세 대야 뱃속에 쏟아부으며 용액 주입하는 /

아주 빨라야 된다고 함.

S# 55 수술실 밖

이장수 이름이 붙어 있는 수술실.

S# 56 병원 전경 / 어둠

S# 57 수술실

떼어내진 장기 얼음에 싸들고 후닥탁 뛰어나가는 간호사.

S# 58 다른 수술실

뛰어들어온 장기 받아 환자에게 집어넣는 수술팀.

S# 59 병원 복도

지방이식팀 (계단 뛰어오르고 있다) ……

S# 60 헬리포트

이식팀 헬기에 오르고 헬기 이륙……

S# 61 병원 앞

급히 떠나는 대기 중이던 앰불런스…

S# 62 심장수술방

심장수술 마무리하고 지켜보는.

뛰기 시작하는 심장 /

S# 63 영안실

문상 온 아빠 회사 사람들 / 장수가 버스 회사에 갔을 때 얼쩡
거리던 사람들을 비롯해서.

경호와 학교 친구들은 이미 빠졌고 /

시장 여인들 서넛 들어오면서.

여인1 (엄마에게) 아유 이게 무슨 일이유 그래애… (잡으며) 쯔쯔즈
쯔즈즈…

엄마 글쎄요 그러네요.

여인2 할머니 어때? 할머니…

엄마 말루 어떻게… 그렇지요 뭐.

여인2 할머니 잘 지켜 장수 엄마. 까딱하면 줄초상 쳐.

엄마 예에… (하는데)

영안실 직원 (와서) 전화 좀 받아보셔야겠는데요.

엄마 ? 나요?

직원 네… 서교동이라구…

엄마 네 고맙습니다. 잠산요.

전화 있는 곳으로 온 엄마.

엄마 네에…

화정 (F) (좀 올라서) 엄마 지금 집으루 모시는 중이에요. 다 왔어요.

엄마 왜요.

화정 (F) 왜요 나는 몰라요.

S# 64 자동차 안(아파트 단지로 들어서는)

화정   (남편이 운전하는 운전대 옆에서 휴대폰) 날이면 날마다 하루
진종일 울구 있어서 그냥 애들한테두 챙피하구 아 뭐 잘됐어
요. 안 보면 나두 편해요. (집으루 가신대요?) 간다니까 모시구
나왔지 그럼 노인네 내쫓는 줄 알아요? 아무리 말려두 안 들어
요. 노인네 쇠고집 몰루? 그런 줄 알아요. (하고 전화 퍽 끊는
다) 미치겠어 정말!

조모   (딸이 전화하는 뒷좌석에서 석상처럼 창밖 보며)

S# 65 영안실

엄마   (남편에게 움직여 와서) 어머니… 집으루 가셨다네…

아빠   (용출과 우두커니 앉아 있다가 아내 올려다보는) ……

S# 66 아파트 앞

화정   (아파트 현관으로 엄마 따라가면서) 엄마가 더해 더 / 나 나쁜
년 만드는 데는 엄마가 더하다구.

조모   … (그냥 걸어 들어가는)

화정   아무두 없는 빈집에서 노인네 어쩔려구 그래요 진짜.

조모   (퍽 멈춰 서며) 아무두 읎는 빈집에서 혼자 실컫 울기라두 할
려구 그런다 망할 년. 우는 거두 눈치 보게 만드는 년 빌어먹을
년. 너 이년 장수 놓친 에미 앞에서 니 새끼들하구 해해닥거리
면서 어이그ㅇㅇㅇㅇ 인정머리 읎는 년. (해 붙이고 들어간다)

화정   (병 찌고)

조모   (들어가며) 이년아 너 내가 안 났다구 하구 싶어 이 싸가지 없
        는 년.

화정   …… (그저 황당)

S# 67 집 현관 앞

조모   (떨리는 손으로 열쇠 꽂는데)

        (E) 전화벨 울리는 소리.

조모   (들어간다)

S# 68 현관 안 거실

조모   (들어오다보면 자기네 집이다. 서둘러서 전화로)

조모   네에 여보세요… 아이구 잔소리 말어들. 얼마나 살 거라구 나
        하구 싶은 대루 할겨. 관둬… 그래서 장수는…

S# 69 영안실 전화

아빠   아직… 안 내려왔어요… 엄마 혼자 어떡하시려구 / …… 아 밥
        두 안 먹구 그럴 거 아니에요. 엄마 병나면 나 돈 없어요. 좀 봐
        줘요…

S# 70 아파트 거실

조모   걱정 마. 걱정 마라. 애비야. 나 병 안나… 내가 병이 나면 어떡

해… 늬 두 인간 불쌍해서 병 안 난다. 안 날 테니까 아무 걱정
말구 (울음 섞이면서) 그저 우리 장수나 끼끗하게 해서 보내
애… 끼끗하구 말짱하게에에에에… (한 손으로 눈 가리며) …

S# 71 이식수술 중인 다른 방

S# 72 영안실

장수   (들어온다) …

부부   (아들 시신 내려다보는) ……

장수   ……

엄마   (떨리는 손 뻗어서 아이 뺨에 손 대보는) ……

아빠   (엄마 잡아 떨어지게 하면서) 됐습니다…

        장수 옮겨지고.

엄마   (아빠 가슴에 얼굴 묻는다) …

박박사 (시신과 함께 들어왔다가) … 모든 것이 다… 잘 진행돼서…
        현재 다 좋습니다… 장수군 상태가 나쁘지 않아서 여러 환자한
        테 혜택을 주게 됐구… 수술두 다 순조로왔습니다…

아빠   … 예…

박박사 … 간은 전주에 있는 환자한테 이송됐고, 췌장은 서울 딴 병원
        으루 갔어요… 신장하구 심장 / 폐는 우리 병원에서 했구요.

아빠   예… 다들 경과가 좋았으면 좋겠네요.

박박사 이렇게 선량들 하시니… 아마 다 같이 좋을 겁니다. (한편 장수

시신 안치 끝내 주세요) 그럼…

아빠   예.

박박사 (영정 앞으로 가 꽃 바치고 무릎 꿇고 앉아 기도하는 것처럼
      눈감고)……

부모   (의사 돌아보며) ……

형숙   (들어오는데) …

S# 73 아파트 거실

조모   (E) (울음소리) 장수야아 장수야… 이놈아아아아아아…

S# 74 장수의 방

조모   (장수의 옷가지 껴안고 퍼지르고 앉아 우는) 이제부터 내 다리
      는 누가 주물러 주구우우우우 부자 돼서 애비 버스회사 사준다
      더니이이이이 (사설하며 울다가 멈추고 / 말하는 사설로 / 옷
      가지 얼굴에 붙이며) 아이구 내 새끼… 금쪽같은 내 강아지…
      젖비린내두 체 안 가신 내 상아지이이이이이이이이 (하며 다
      시 시작)

S# 75 거실

조모   아이구 아이구우우 나 못살겠네에에에에… 할미 못살겠다 장
      수야아아아아아아아…

S# 76 산에 뿌려지는 장수의 잿가루 / 아빠와 용출 아저씨

S# 77 조모의 방

엄마 (기어이 병이 나버린 할머니 일으켜 앉혀 기대게 해놓고 죽 떠
먹이는)

조모 (고개 돌리며) 됐어. 내가 먹으께.

엄마 가만 계세요… (떠준다)

조모 물 먼저 먹자……

엄마 (물 대어주고)

조모 (마시는) …

엄마 (물그릇 놓고 죽그릇 들며) 어떡해요 어머니… 그래두 살어야
지요…

조모 …… (물끄러미 며느리 보는) …

엄마 얼른 기운 차리세요. 애비 속 더 아프게 하지 마시구요.

조모 (한숨 토하며) 그려… 그려그려. 정신 차려야지… 차려서 순대
채워 장사해야지… 돈 벌어 빚 갚어야지… (하며 손이 죽그릇
으로)

엄마 지가 떠드리께요…

조모 이리 내. 할 수 있어…

엄마 … (보다가 죽그릇 상에 놓아 상 가까이 대준다) …

조모 (먹기 시작) …

엄마 … (가만히 보다가) 우리 빚이요 어머니… 장수가 갚어요…

조모	?…
엄마	(울먹해지며) 교통사고 보상금으루 보험회사에서… 나오는 거… 우리 빚… 갚구두 남어요…
조모	? (엄마 보다가 어깨 떨어지며 고개 옆으로 돌리며 눈을 조금 뜨며 기가 막히다) …… 이런 눔을 봤나(아주 작게) …… 이런 못된 눔을 봤나…
엄마	(세운 한 무릎에 얼굴 붙인다) …
고부	… 그대로 …

S# 78 중환자실

박박사	(심장수술 받은 연주 앞에서) 기분 괜찮아?
연주	네에.
박박사	오늘 며칠째지?
연주	… (생각하는)
박박사	일주일째지?
연주	네…
박박사	이제 며칠 안 있으면 일반병실로 옮길 거야. 좋지?
연주	네…
엄마	저거 올라가요. 선생님 보여드린다구 기다렸어요. (벌써 불고 있는 연주)
박박사	네에 흠흠흠…

잘 올라갔다 내려오고는 하는 기구 안의 공.

S# 79 골목골목 산동네를 올라오며 집 찾고 있는 아빠

S# 80 어느 집 앞

아빠 (번지수 나뭇조각에 써붙인 것과 종이조각 대조해보고) … 실
례합니다아… (문 밀고 들어간다)

호철 (마당에서 연탄 풍로에 냄비 올려놓고 미역 빨고 있다가) ? …
(놀라서 엉거주춤 일어나며) … 어… 어어떻게…

아빠 (조금 웃으며) 미역 만지구 있는 거 보니까 해산했군요.

호철 예… 오늘 새벽에…

아빠 집에서 낳았어요?

호철 … 예 (돈이 없거든요) … 주인 아주머니하구 동네 할머니하
구…

아빠 순산했구요.

호철 예… 다행이… 예.

아빠 (들고 있던 고기 / 미역 / 장각으로 / 과일바구니 / 움직여서
툇마루에 놓으며) 일두 못하구… 어렵지요… (안 보는 채)

호철 … (대답 못하고 뒷머리만 쓸면서) 에… 뭐… 예 (하다가 문득)
여보오. (방 앞으로 내달으며) 저기 차순아… 저기 자자장수
아버님 오셨는데 너 잠깐…

아빠 (O.L) 아니 아니에요 그러지 마쇼. 산모를 / 그럴 거 없어요.

호철 아니 그래두 이건 도리가… 차순아 너 뭐 해.

차순 (앉은 채 방문 열고 울 듯한 얼굴로) … 오셨어요…

아빠	(얼른 방문 닫아주며) 찬 바람 들어가요. 문 닫아요.
차순	(E) (방 안에서) 덕분에 저이 구속두 안 되구… 정말 어떻게 고마운 말을 다 해야 할지… 평생… 못 잊을 거예요…
아빠	(호철 손에 쥐어주며) 얼마 안 되지만 연탄 사구 쌀 사구… 겨울 나요.
호철	… 선 선생님…
아빠	(다른 손으로 어깨 잡아주며) 애기 잘 키우구…
호철	/ … (무슨 말을 할 수가 없다)

S# 81 바닷가 제방 같은 곳

아빠	(혼자 앉아 바다를 마주하고 담배 태우고 있다) …… (연기 내뿜으며 문득 시선 하늘로) …
장수	(하늘에 자전거 타며 아빠에게 손 흔들며) ……
아빠	……

자막

언젠가는 나의 주치의가 나의 뇌기능이

정지했다고 단정지을 때가 올 것입니다.

살아 있을 때의 나의 목적과 의욕이

정지되었다고 선언할 것입니다.

그때 나의 침상을 죽은 자의 것으로 만들지 말고

산 자의 것으로 만들어주십시오.

나의 눈은 해질 때 노을을,

천진난만한 어린이들의 얼굴과

여인의 눈동자 안에 감추어진 사람을

한 번도 본 일이 없는 사람에게 주십시오.

나의 심장은 끝없는 고통으로

신음하는 사람에게 주십시오.

나의 피는 자동차 사고로

죽음을 기다리는 청년에게 주어

그가 먼 훗날 손자들의 재롱을

볼 수 있게 해주십시오.

나의 신장은 한 주일 혈액정화기에 매달려

삶을 영위하는 형제에게 주시고

나의 뼈와 근육의 섬유와 신경은

다리를 절고 다니는 아이에게 주어 걷게 하십시오.

나의 뇌세포를 도려내어

듣지 못하는 소녀가 그녀의 창문에 부딪히는

빗방울 소리를 듣게 해주십시오.

그 외의 나머지들은 다 태워서 재로 만들어

들꽃들이 무성히 자라도록 바람에 뿌려주십시오.

당신이 뭔가를 매장해야 한다면

나의 실수들을, 나의 약함을,

나의 형제들에 대한 편견들을

매장해주십시오.
나의 죄악들은 악마에게
나의 영혼은 하나님에게 돌려보내주십시오.
우연한 기회에 나를 기억하고 싶다면
당신들이 필요한 때 한
내가 부탁한 이 모든 것들을 지켜준다면
나는 영원히 살 것입니다.

- 로버트 테스트

아빠   ······

끝

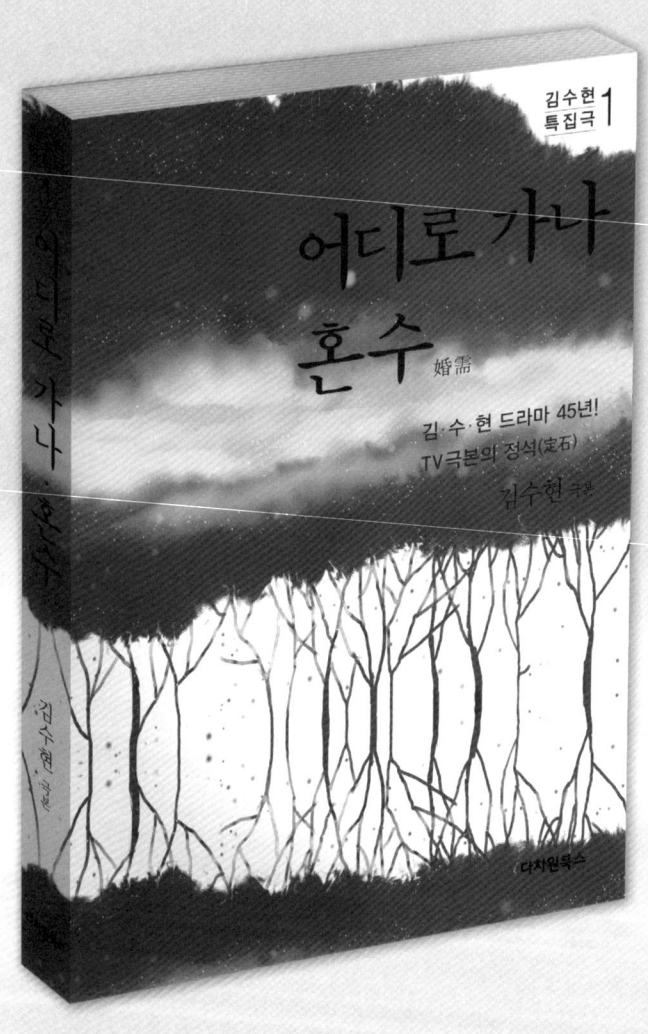

김수현 드라마는 극본만으로도 눈물이 난다.
어떻게 살아야 하는가를 생각하게 한다.

어디로 가나

효와 부정(父情)의 참다운 의미를 조명한 드라마.
병든 시아버지와 며느리의 갈등과 해결은 효와 불효의 문제를
뛰어넘어 인간적인 정의 문제를 생각하게 한다.
각박해져가는 현대 우리 사회에서 노후의 부모들이 바라보는
자식들의 모습을 보여준다.
제20회 한국방송대상 수상

혼수 婚需

환경이 다른 두 집안. 탐욕과 과시에 지나지 않는 과한 혼수를
요구하면서 벌어지는 두 집안의 갈등은 우리의 현실을
여과 없이 보여준다. 물질 신봉으로 피폐해진 우리 시대의
정신을 들춰냄과 동시에 그로 인해 잃게 되는 것이 무엇인지
생각하게 한다.
추석특집극

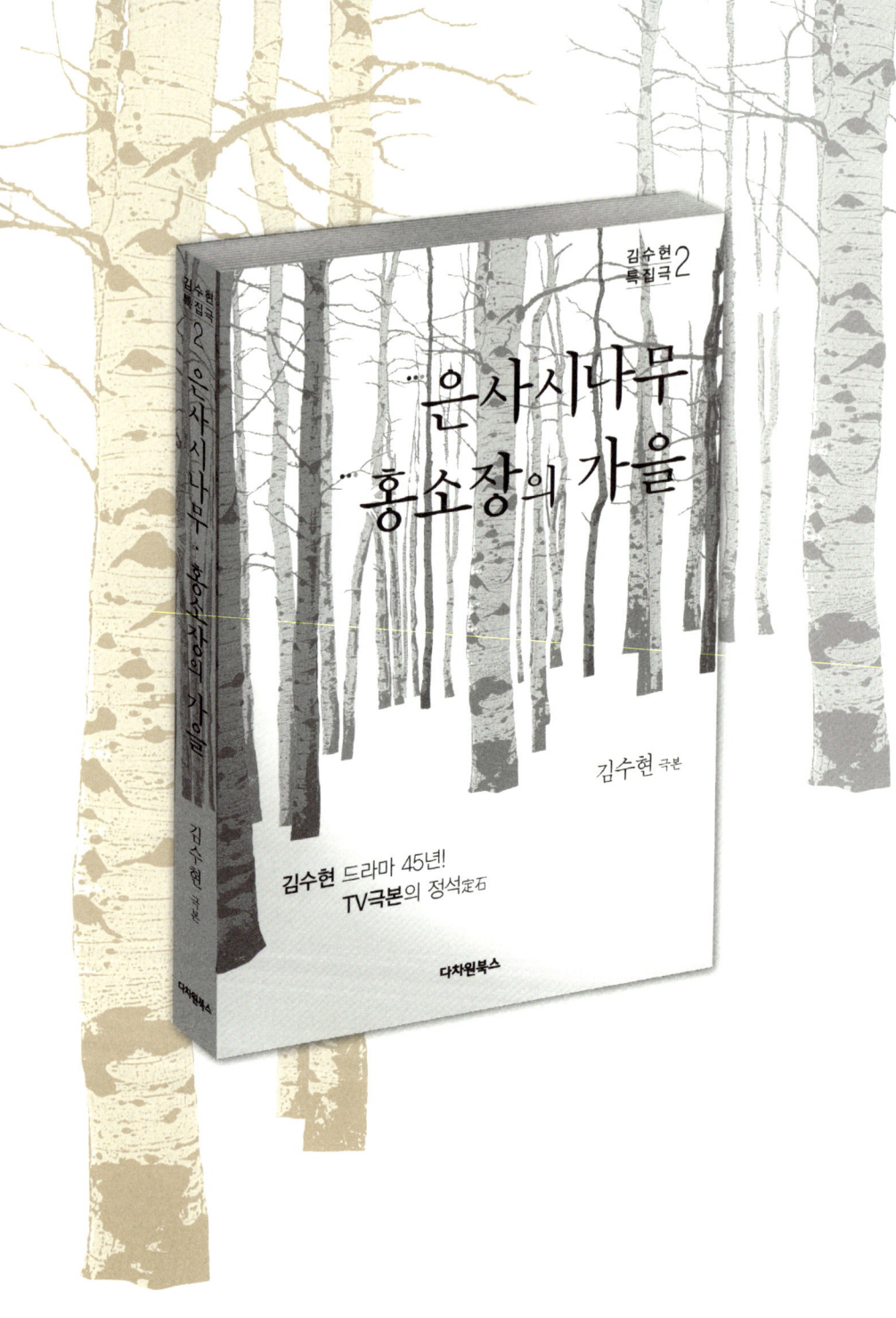

김수현 특집극 2

은사시나무
홍소장의 가을

김수현 극본

김수현 드라마 45년!
TV극본의 정석定石

다차원북스

김수현 드라마는 극본만으로도 눈물이 난다.
어떻게 살아야 하는가를 생각하게 한다.

은사시나무

어머니의 제사에 다시 모인 가족…. 다시 모인 가족은 반갑게 회포를 나누기보단 그동안 쌓여 있던 서로의 앙금을 드러낸다. 그런 모습을 아버지는 애처롭게 바라본다. 외로이 그 고개를 넘고 있는 아버지들의 이야기이다. 그 길이 그저 외롭기만 한 길이 아니기를 바라는 마음으로 만든 이 드라마가 가슴속 외로움이 하얀 은사시나무 이파리처럼 머리를 덮는 아버지들의 속내를 은근히 어루만져주기를 기대해본다.

제37회 한국백상예술대상 극본상 수상

홍소장의 가을

파출수 소장으로 정년퇴식해 연금으로 살아가는 60세 홍상수, 이제는 늙어서 자신을 챙겨야 한다면서 아들 결혼식 축의금을 아들 내외에게 주지 않는 홍소장의 아내, 퇴직과 동시에 사회와 가족으로부터 소외당하고 경제적 사형선고를 받은 가장이 많은 오늘의 현실이 홍소장 부부의 눈에 가감없이 투영된다.

그리고 대기업 임원으로 일하다 회장 사후에 권고사직을 당해 좌절하는 홍소장의 동생인 상준, 아내와 끊임없이 다투고 아이들에게도 소외당한 쓸쓸한 중년 가장의 모습이 적나라하게 표현되어 있다.

SBS 특집드라마

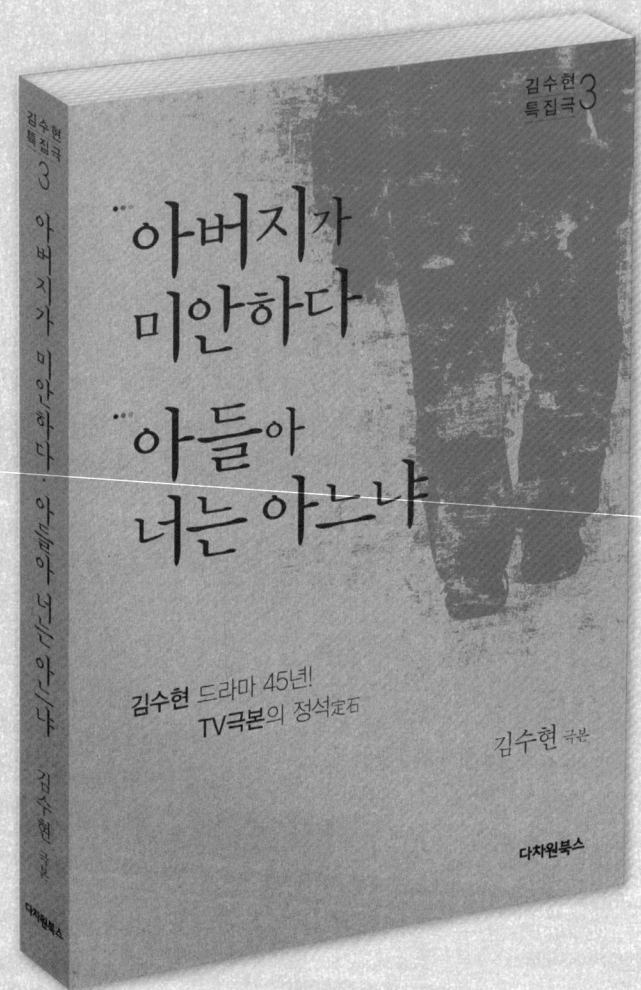

김수현
특집극 3

아버지가
미안하다
아들아
너는 아느냐

김수현 드라마 45년!
TV극본의 정석定石

김수현 극본

다차원북스

김수현 드라마는 극본만으로도 눈물이 난다.
어떻게 살아야 하는가를 생각하게 한다.

아버지가 미안하다

환경미화원으로 정년퇴직한 뒤 퀵서비스 배달원으로 일하고 있는 아버지.
중국집 배달 소년에서부터 공사판 잡부, 벽돌공, 미장공 등등의
직업을 거치면서도 60대 초반까지 남에게 신세지지 않고
소박하고 꿋꿋하게 살아왔다. 자녀들도 나름대로 잘 성장했지만,
이기적인 아들딸과 어딘지 모르게 어긋나기만 하는
우리 시대 슬픈 아버지의 모습…. 왜 아버지는 미안한가?
TV조선 설날특집 3부작

아들아 너는 아느냐

뇌사자의 장기기증 문제가 사회문제로 등장하면서
뇌사자의 가족들이 기증을 하기까지 겪게 되는 삶의 이야기를
진솔하게 풀어간다. 단란한 한 가족에게 어느 날 몰아닥친 비극과
아들을 지키기 위해 혼신을 다하는 부모의 심정, 그리고
마지막 순간까지 아들을 위해 또 아들이 꼭 그렇게 동의한다고
확신하고 결정하는 장기기증 과정의 생생한 모습이 보여진다.
SBS 창사 특집극

김수현 특집극 3권

아버지가 미안하다
아들아 너는 아느냐

지은이 김수현
펴낸이 황인원

초판 1쇄 인쇄 2012년 2월 3일
초판 1쇄 발행 2012년 2월 10일

펴낸곳 다차원북스
주소 (우)121-897 서울시 마포구 독막로 10(합정동 373-4) 성지빌딩 510호
대표전화 (02)333-0471
팩시밀리 (02)334-0471
이메일 dachawon@daum.net
신고번호 제313-2011-248호
디자인 파피루스(02-322-1286)

ISBN 978-89-967221-8-2 14680

값 · 15,000원

※ 잘못 만들어진 책은 구입하신 곳에서 교환해 드립니다.

이 도서의 국립중앙도서관 출판시도서목록(CIP)은
e-CIP 홈페이지(http : / / www.nl.go.kr / ecip)와
국가자료공동목록시스템(http : / / www.nl.go.kr / kolisnet)에서
이용하실 수 있습니다. (CIP제어번호: CIP2012000413)